被災者発の復興論

被災者発の復興論

3・11以後の当事者排除を超えて

山下祐介 Yusuke Yamashita
横山智樹 Tomoki Yokoyama 編

岩波書店

はじめに

当事者不在の復興

発災から一三年になる東日本大震災。復興事業の進展が伝えられ、現地は新しく生まれ変わった。まさに物理的に、地形そのものまでもが大きく変えられてしまった。地震と津波が見せた自然の猛威に対し、人間のもつ強大な技術力が、それを押さえつけることができるのだということを高らかに誇示するかのような巨大な構造物が復興事業によって出現している。あるいはまた最新の技術をこらしたシンボル的な施設群は、そのデザインを含め、新奇できらびやかである。かつて映画で見たような未来社会の姿がそこにはある。

だが他方で、現実には多くの人は帰れず、避難者はなお約三万人（二〇二三年三月現在）とも報道されている。この数字が何を意味するのかを含めて避難の実態を問わねばならないが、ともかくここにはかつてのような活気ある人の暮らしはなく、震災前の現地を知るものの目から見れば、自然に対してただ人間の技術をひけらかそうとしているだけの荒涼とした終末社会のようでもある。

本書はこの東日本大震災・福島第一原子力発電所事故を、被災当事者の立場から改めて問い直すものである。各論の執筆者はいずれも被災当事者か、当事者とともにこの一三年間、被害と復興について社会学の立場から考えてきた者たちである。

本書の構成①——第Ⅰ部　被災者が排除される復興の現実

本書の構成をあらかじめ述べておきたい。

まず第1章では、宮城県石巻市（阿部晃成《あべあきなり》）、福島県双葉郡富岡町（市村高志）、宮城県気仙沼市（三浦友幸）において、震災から現在に至るまで起きていたことを当事者の立場から批判する。一言でいえばそれは、被災当事者が復興当事者から外されていった過程であり、また三浦の事例（本吉町大谷地区）に関していえば、復興という暴力から地域を守り、かろうじて当事者たちの意向を通していく過程であった。こうした当事者性をめぐるポリティクスこそが現場で起きていた深刻な問題だったのであり、一見きれいな被災復興地に被災当事者の多くが帰れていないのは、当事者がすり替わっているからだという問題を提起していくことになる。それとともに、なお三万人という避難者数の背後に、避難当事者という当事者性を外された人々がその数倍の数で今もこの国には存在することこそが問題化されなければならない。二〇一一年三月の発災当初の避難者数が約四七万人といわれていたことも思い起こそう。

この震災・原発事故の被災者・避難者・被害者という当事者が、いつの間にかその当事者性を剝奪《はくだつ》され、復興が別の当事者によって遂行されている。こうした当事者をめぐる錯綜が起きてきた背景として、ただ現場における物理的な強制のみならず、思想・科学・言論・政治によるシンボリックな強制の過程が存在していたことを見逃してはならない。すなわち、ここには言説による意図的・非意図的なすり替えと、復興政策や復興論の倒錯があったことを指摘する必要がある。第2章では特に原発避難と復興の問題を取り上げ、この点に関する三人の代表的な当事者の言説を分析してこの問題を焦点化する。ここでは、私たちがあたかも自明のように捉えている「当事者性」が、ことと次第によっては言説による暴力のように転換し、作動する様が確認されるだろう。

政府の復興政策を問う第3章では、時系列でその政策展開を追うとともに、そこで実現されていった当事者外しの論理とメカニズムを浮き彫りにする。政府の「復興加速化」は、そうした政策にのらない／のれない当事者を復興過程から弾き飛ばした。そこでは、第2章および第6章でも見るように一部の研究者や専門家も深く関わっており、さらに原発事故では賠償や司法における論理のすり替えも起きていた。その背景としては制度の不全よりも国民自身の認識の方が大きいのかもしれないが、この点については特に後の第6章で議論することになる。

以上、第I部では、二〇一一年三月一一日に発生した東日本大震災・福島第一原子力発電所事故は、その復興過程において被災者を、つまりは当事者を排除し、別のものを当事者として迎え入れてきたという当事者すり替えの問題をはらむものであったことを批判的に検証する。そのことによって東日本大震災の復興過程はゆがめられ、失敗を余儀なくされていったと断ずることができるだろう。当事者からのフィードバックを失った、被災・被害当事者のいない災害復興など、成り立ち得ないものだからである。

本書の構成②——第II部　復興と「戻る」こと

だが、それにもかかわらず、被災・被害当事者はただ排除されることに甘んじてきたわけではなかった。本書第II部は、一三年経って見えてくる、被災・被害・避難当事者たちの「戻ろうとする力」、押しつぶそうとする力に抗する「取り戻そうとする力」について記述を試みるものである。

第4章ではまず、過疎・出稼ぎ研究の中で提出された「地域を形成しそこに人を引き留め置く力」である〝ホールド(Hold)〟という概念について紹介・解説する。そうした力が日本社会に現にあり、人々が地域に対流し、そのことで地域を存続させていく原動力にもなっていることを示す。それとともにこの力が災害後の広域避難の中にも働いており、その探索の必要が示唆される。

第5章はそのホールドを、被災地の若者たちのうちに見出す三つの調査を提示するものである。ホールドがなおも正しく働いていることによって、大災害の避難の後でも若者たちは出身被災地と関係を持とうとし、地域を継承しようとしている。そして高齢世代もまた次の世代にバトンタッチすることを目指して、何らかの形で家・地域を残そうと模索を続けているのであった。だがそれに対し、こうした若者たちを復興の当事者から外していく復興政策や復興論が立ちはだかってきた。いまある復興が本来あるべき復興を阻害し、地域継承を根本的に難しいものにさえしていることを、具体的なデータに基づいて論証する。

本書の構成③――第Ⅲ部　被災者のための復興を構想する

第6章は、以上の論考をふまえた上で、震災一三年目をいかに迎え、そこから私たちが何を学び取る必要があるのかを当事者たちの討議をもとに示すものである。そこでは、現状の復興に異議申し立てをすることで、その復興から排除されていった当事者たちの姿がさらに明確になろう。当事者とは何か。東日本大震災・原発事故をめぐる当事者ポリティクスの現実を、三人の語りを通して白日のもとに晒《さら》していこう。

最後の第7章は、本書で展開した当事者観をめぐる問題を、思想および社会学の論理のうちに位置づける試みである。

「当事者」は、私たちにとって、自明のものとしてそこにあるものでは決してない。そもそも当事者が当事者であることを主張することこそが、普通の人間にとってはきわめて難しいことなのである。当事者は——マイノリティである当事者は——丁寧な言説と、社会の包摂によって、はじめて適切なかたちで立ち現れる。逆に、不適切な言説と社会のマイノリティ排除は、政策遂行過程における非当事者の寄生やただ乗り(フリーライド)を促し(見逃し)、そこで当事者を支援しようと本気で考えていた者たちをも加害当事者にさえしてしまう危険なものである。いま特に福島の現場では、被害者を加害者化させる言説(本書・第2章第8節参照)までもが流布し始めている。この点についても本書の冒頭で警鐘を鳴らしておきたい。

福島とアウシュビッツ、当事者と国家

東日本大震災・原発事故とそこからの復興を、当事者という視角から批判的に論じようとする本書では、当然ながら「当事者」が問題の切り口になっている。ただしそれは「当事者の声を聴いてくれ」という単純なものではない。「当事者」をそのように、ある意味で自明に用いることこそが危険なのである。第7章では、ここで示す当事者をめぐる倒錯を、アウシュビッツの問題と関連させて論じている。

その一方で、本書の第Ⅱ部(第4章、第5章)でも確認するように、日本社会のうちにはなおもそうした西洋型のそれとは決して結びつかないような、独自の社会の動力学が確認される。本書は東日本大震災・原発事故を直接の題材としてはいるが、日本国家がもつ統治・開発暴力の糾弾と、家や地域社会が織りなす生のダイナミズムのふところにいる私たち日本社会の国民の姿について、「当事者」という概念から現代的様相を読み解くものと理解されたい。第6章の議論は第Ⅰ部と第Ⅲ部をつなぐものだが、ここに見られる深い断層に、読者にはしっかり気づいてもらいたい。大変な災害ではあったが、国家や行政が下手に

介入しなければ、もっと着実に現地が再建されていた可能性は高いのである。すなわち、今のものとは違う未来が現れていたのかもしれないわけだ。

3・11の経験を、私たちの未来のために正しく役立てることができるかどうかは、そこからの復興の失敗――そう、この復興はまさしく失敗なのである――を、そこでもがき苦しんだ当事者の目線から皆で追体験し、次の社会のあり方を考えることができるかどうかによるだろう。私たちの社会はなおも正常に機能してはいる。だがここで示していくように、社会自体が社会を壊すような政策が横行しているとすれば、もしかするといまや異常な(病的な)状態へとはまり込みつつあるのかもしれない。このことを論理的・実証的に指摘することが本書の目的である。当事者性に肉薄する各章の議論を通じて、少しでもこの目的に近づいていたならばと祈る次第である。

3・11研究会と本書の関係について

本書の執筆者たちは、本書を「3・11研究会」の成果の一つとして示したいと考えている。3・11研究会は、東日本大震災発災からすぐに、赤坂憲雄(学習院大学教授)、小熊英二(慶應義塾大学教授)、山内明美(宮城教育大学准教授)の三氏によって発足された。編者の一人・山下祐介がその何回目かの研究会で報告を命ぜられ、そこに震災後、現場で知り合った市村(富岡町)、阿部(石巻市雄勝町)を誘い、三浦(気仙沼市本吉町)が加わったことで、研究会は研究者の議論と並行して、被災当事者が考え、勉強する場ともなっていった。研究会は十数回続いたが、そのうち小熊宅で開催された回で市村と阿部が意気投合し、泊まり明かしたことを忘れることができない。この日までは、原発事故の当事者と津波被災地の当事者は互いに相手を遠ざける傾向があったが(一般的には今でもそうであろう)、それを乗り越えた瞬間であった。

3・11研究会は、『ゴーストタウンから死者は出ない』(小熊・赤坂編著)の発刊後、休会状態となったが、その後も(コロナ禍では特にオンラインを通じて)市村・阿部・三浦とともに、横山智樹・宮本《みやもと》楓美子《ふみこ》・成田淩らが加わって(宮本も福島県郡山市出身、横山も富岡町に深い縁を持つ)自主的に研究会としての活動は続けられた。この間、市村は法政大学大学院に、阿部は慶應義塾大学大学院に入学し、封じられてきた当事者復興の問題を、学術的観点から、当事者論の視角によって解き明かそうともがいてきた。また三浦は二〇一八年より気仙沼市議会議員として気仙沼市および地元大谷地区の復興の最前線で奮闘し、その経験を研究会で語り、分析し、現地の問題解明にも活かそうとしてきたのである。

本書のもとになった議論は特に主宰者のいない研究会で行われたものだが、元々は、赤坂・小熊・山内の三氏の指導が発端となっており、前二著(赤坂・小熊編著『「辺境」からはじまる』『ゴーストタウンから死者は出ない』)の延長線上にあるものとして刊行したいと本書執筆者らは考えている。研究会には多くの方々が参加されたが、関係者には当事者である彼らの意を汲んで、3・11研究会という名を拝借し使用することを諾とされたい。

本書をこの震災・原発事故の復興を糺《ただ》す最中に亡くなった船橋晴俊先生に、また第Ⅱ部をホールド論はもとより、人間への接近のあり方を教えてくれた作道信介《さくみちしんすけ》先生に(執筆者のうち山下・成田から)捧げたい。

二〇二三年九月　敬老の日を前に、雄勝にて

編者を代表して山下が記す

（追記）本書を校正しながら迎えた二〇二四年元日に能登半島地震が発生した。二〇二四年二月現在で死者は二〇〇人を超えるという。この悲惨からの復興こそ間違いのないものにしたい。だが、メディアに現れる専門家の言説は、本書で警鐘を鳴らす「技術や計画で命は救える」をさらに強調したものに聞こえてならない。誰かに乗っ取られることなく、自らの復興を被災地の人々には手に入れてほしい。加えて、沖縄では辺野古《へのこ》基地着工が、国による代執行という自治を真っ向から否定するやり方で始まった。私たちの社会はいま、自分自身で自分の首を絞めはじめているかのようである。沖縄はまだ沖縄戦からの復興を遂げていないというべきか。

目次

目 次

第Ⅰ部　被災者が排除される復興の現実

雄勝町中心部・海面から見た防潮堤(2020 年 12 月)

高台移転地から見た雄勝町中心部(2021 年 12 月，撮影・いずれも阿部晃成)

第1章　復興の主体は誰か
——被災各地の「復興」を振り返る

（1＝横山、2＝阿部、3＝市村、4＝三浦、5＝横山・山下）

1　誰のため、何のための「復興」か

被災当事者の視点から「復興」を問う

東日本大震災・原発事故から一三年が経過するが、これまでの震災復興ははたして誰のため、何のための復興だったのだろうか。政府や世論からすると、復旧・復興は着実に進展しており、移住や活性化など「復興創生」の段階に移っている、そしてそれも順調に進んでいるとすら思われているのではないか。津波被害は防潮堤建設と高台・内陸移転によって、原発被害は着実な除染や避難指示の解除、廃炉作業によって進展しているように思われ、いまさらそれを批判的に問い直すことは「風評加害」（本書・第2章参照）とすらいわれる始末である。現地の人々と、世論や政策の認識には、きわめて大きな隔たりが生じてしまっている。

復興とは、被災当事者が、生活する土地や集団との関わりの中で回復・復興していくことであり、当事

者と地域の回復・復興はあくまで連動するものとされるのが災害研究の基本的な考え方である。だが、実際はどうだろうか。莫大な予算で公共事業が進められ、トリクルダウンによる経済的な利益が期待され、時には復興特需だとも言われたが、実際は大手ゼネコンが事業を担い、地域にとっては経済再生にすらならなかった。社会的な面を考えても、復興政策の方向性と、被災した当事者の生活実態の間には、きわめて大きな乖離が生じているといえる。

そのため、震災復興を検証する上で、「復興の主体は誰か」を改めて問う必要がある。この視点を重視しなければならないのは、そもそも被災当事者が復興の主体でなければ復興政策として成り立たないからである。この時、被災当事者は物言わぬ受動的な被支援主体なのだろうか。いや、そうではない。問題は支援のあり方ではなく、合意形成や自治の問題として考えるべきことのようだ。政策と現場の認識・意思がかみ合っているなら、復興は進んでいるはずである。ところが、結局のところ、復興したか、していないかという議論の中で、被災当事者の意思や経験はどこにも反映されていないようである。改めて当事者の声を聴くことが必要であることは間違いない。

当事者の声は政策に反映されてきたのか？

政策は、本来そこに関わる当事者の声を常にモニタリングし、政策遂行の結果に対してはそのフィードバックの回路を構築している必要がある。政策にフィードバックしていくことで立ち上がっていく知を「集合知」と呼ぶとすれば、これは当事者（人・地域）や専門家、時にＮＰＯなども関わるものである。それに対し、今回の震災復興では、政治的、政策的な意思決定の中で、そうした当事者や集合知を排除するプロセスがあったのではないか。これが、本章で見ていく三つの事例が示唆するものである。

以下、事例を紹介する執筆者らは、みな被災当事者である。第2節・阿部晃成（宮城県石巻市雄勝町《おがつちょう》）、第3節・市村高志（福島県双葉郡富岡町《とみおかまち》）、第4節・三浦友幸（宮城県気仙沼市本吉町《もとよしちょう》大谷《おおや》地区）の三人の証言から、現場の当事者たちが、この間、震災と復興の年月をいかに経験し、それらが復興の意思決定にどう反映されたのか（されなかったのか）を見ていきたい[1]。

2　巨大防潮堤の建設と高台移転が切り捨てたもの
——宮城県石巻市雄勝町雄勝地区

家族七人で漂流、そして生還

筆者（阿部）は、震災以前の段階で二〇年のうちに九九％の確率で発生すると予想されていた宮城県沖地震による津波被害想定区域内に住んでいた。そのため、日頃からハザードマップを確認し家族と相談して、地震が発生した場合には、津波被害が発生しないとされた〝安全な場所〟に避難すると事前に決めていた。そして二〇一一年三月一一日、東日本大震災が発生した際も混乱がありながらも、決めていた場所に避難することができた。しかし、東日本大震災による津波はその〝安全な場所〟だったはずの避難先にも到達し、筆者と家族を合わせた七人は避難先の住宅ごと海に流され、一晩の漂流を経験することとなった。

一八時間の漂流から生還までの間、様々なことがあった。「助けて！」と叫ぶ家族の声が水位の上昇で突然途切れる。何度も大波が押し寄せ、必死につかまっていても海面に投げ出されそうになるほど揺れる住宅。視界がまったくなくなるほどの風雪。漂流する住宅にしがみつきながら見る、破壊された町並み。田舎暮らしをしてきた二二年の人生でも見たことのないほど美しい星空と、放射冷却による凍死を覚悟するほどの寒さ。

翌朝、太平洋から昇る朝日が周囲の山々を照らし始め、ついに海面まで輝き出した時に、とっさに手を伸ばして触れた光の暖かさは、震災から一二年が経過した今でも忘れられない。地震発生以来、初めて感じた家族の体温以外の暖かさだった。その朝日を象《かたど》った国旗を身につけたヘリコプターの群れが、南から北にどんどんと機動していく。その下で、我が一家はどなたかの住宅であったであろう瓦礫《がれき》の木片を海面から拾い上げ、陸地まで漕ぎ、近くの集落の方々に協力してもらうことで一八時間の漂流が終わった。結果として、筆者と家族の七人全員が生還できたことは、本当に幸運だった。

避難の中で親族の捜索、生活の再建へ

陸に上がってから一週間ほどは、助けてもらった集落に一軒だけ残っていた住宅で、集落の方々と共同生活をした。その後、津波が来なかった内陸の親戚宅に移った。家業の仕事道具はすべて流されたが、父とともにできる仕事からこなした。時間が空いた時は、見つからない親族を捜しに遺体安置所に向かった。

五月初めに、震災以前から付き合いのある方から住宅を譲ってもらえることとなり、筆者たち家族は町に戻るまでの住まいを得ることができた。とりあえずの避難生活を終えた。一方で、まだ大半の被災者が仮設住宅にさえ入ることができていない段階で、そうした住まいを得ることには難しい感情もあった。しかし、それに対して父は、「早く生活再建できた人が、その分汗をかいてみんなが復興できるように頑張

るんだ」と言う。平成の大合併以前、町議会議員を務めていた父らしい考え方だった。

我が町の復興への参画

筆者と家族が暮らしていた宮城県石巻市雄勝町は、津波によって壊滅的な被害を受け、人口三九九四人（国勢調査）の四分の三が住宅を失った。リアス式海岸と呼ばれる地形の中でも、特に急峻《きゅうしゅん》な地形であったので、被災者全員が町内で避難生活を送れるだけの公共施設や仮設住宅を用意することはできなかった。そのため、石巻市は被災者に対し、住み慣れた町内から内陸の石巻市内の公設避難所・仮設住宅への移動を進めた。

そうした環境下では、震災以前のように集落ごとに集まって話し合うことも難しかった。それでも雄勝町の復興をなんとか話し合って進めていこうと、住民有志や自治会長、商工業者、行政、学識者を含む外部支援者など多くの人々が協力し、震災から二カ月後の二〇一一年五月に「雄勝地区震災復興まちづくり協議会（以下、まち協）」が結成されることとなった。

前述のように「汗をかける者が汗をかく」と言っていた父は、新聞記事でその動きを知り、まち協に志願し参加することとなった。

当時、一日の大半を父とともにしていた筆者も、必然的にまち協の活動に参加した。パソコンを使えて、若く徹夜もできるということで、まち協の実施した雄勝町の全世帯アンケートにも携わった。そうしてまち協は、結成から二カ月後には石巻市本庁に対する雄勝町としての復興への提言をまとめ、雄勝町は東日本大震災の津波被災地で最大の被害を出した石巻市の「復興のトップランナー」と呼ばれた。

高台移転をめぐって意見が衝突

しかし、復興への提言を石巻市本庁へ提出した後、まち協は被災者の具体的な住宅再建の場所を、高台・低平地・内陸のいずれにするのかに加え、津波の上がった低平地に居住制限(災害危険区域の指定)をかけることをめぐって紛糾した。雄勝町の急峻な地形条件では、被災者数に対して十分な規模の高台移転地を用意することは不可能だった。さらに各集落によっても地形条件が大きく異なり、容易に高台移転地を造成可能な集落もあれば、五年はかかるだろうといわれる集落もあった。

そのため、住宅の再建方法は集落ごとに多様な選択があり得るはずだったが、行政としての雄勝総合支所は、雄勝町一括で、高台移転のみの住宅再建にこだわった。まち協の会合内では決めきれず、二〇一一年一二月に市が主催した復興説明会にて、筆者が市長に直談判することにより、雄勝町一括ではなく、各集落単位で行うこととなった。

「雄勝町の雄勝地区を考える会」の結成

こうして住宅再建の方法は各集落で決めることとなったが、筆者の住んでいた雄勝町中心部は、その九割以上の世帯が全壊し流出する壊滅的な被害を受けていた。そのため、筆者を含む被災者のほとんどは雄勝町を離れ、石巻市内や全国各地で避難生活をしている状況だった。

したがって、発災から復興まちづくりの話し合いの場がなく、自治会も開くことができない集落があるなど、集落ごとの意思決定をできる状況になかった。そのため、筆者の父親と住民有志が集まり、話し合

い の場を用意しようと、住民組織「雄勝町の雄勝地区を考える会(以下、「考える会」)」を二〇一一年一二月に結成した。筆者も、まち協の時と同じような理由で、事務局長として「考える会」運営の全般を担うこととなった。

「考える会」の復興案は消され、巨大防潮堤の建設へ

「考える会」の運営に当たっては、雄勝支所やまち協に参加していた学識者からは協力を断られたため、筆者と協力してくれる外部支援者が自らの足で情報を収集し、話し合いの基礎的な資料を作らねばならなかった。国交省や宮城県などの復興事業そのものについてのヒアリングや、宮城県、岩手県の各被災地の復興計画案、北海道の奥尻島《おくしりとう》や阪神・淡路大震災といった過去の被災地の復興についても調査し、話し合いの資料を作成するなど精力的に活動した。

しかし、そうして作った資料も、被災者の現在の住所がわからず、郵便局の転送サービスに頼って送付していた。対象の六三〇世帯のうち、資料を届けることができたのは四五〇世帯程度に留まった。それでも、集まれる住民で集まり、高台造成による高台移転および低平地のかさ上げをした上での原地(被災した元の場所)再建、さらに震災を機に地域を離れる人の内陸移転までも含んだ、被災者の多様な意見を取りこぼさない復興案をまとめあげた。

しかし、この「考える会」の復興案を、「対応する復興事業がない」「時間がかかりすぎる」などの理由をつけ、支所は聞き入れなかった。結局、集落ごとに自治会会合を招集し、集落の半数も参加していない場で高台移転のみによる住宅再建を決議していった。「考える会」は、早く雄勝に戻りたい人、安全な高

台に戻りたい人、戻りたくないと考える人のいずれに対しても選択肢を用意しようとした。だが、そうした復興案は、庁や支所などの行政組織からは〝なかった〟こととされ、「考える会」の活動は徒労感と失意の中で終わることとなった。

そして二〇一二年八月、まち協は、住宅再建の方法は高台移転のみに決まったとして、高台移転で町内に戻る、もしくは残る人のみで今後のまちづくりを進めるために、「雄勝未来会議」という組織に改編される。その際、原地再建による早期帰還や内陸移転を望む委員、そうした被災者にも支援が必要だと動いた外部支援者は委員を外された。雄勝町の未来には、早期帰還を求める人や地域を離れる人は不要だとの宣言だった。

その後、意見の異なる人を排除した雄勝未来会議は、L（レベル）1防潮堤（L1とは比較的頻度の高い津波を指し、その対策のための防潮堤。いわゆる「巨大防潮堤」。本章第4節参照）の是非をめぐり再度揉めることとなり、L1防潮堤に反対し、原形復旧を望んだ住民が会議から抜けることとなる。後にL1防潮堤が作られた際、その住民は雄勝町から出て行くこととなった。彼は震災前から商工会青年部の中心人物であり、震災後は多くの外部支援者と雄勝町をつなぐまちづくりの中心人物だった。

雄勝町の復興と置き去りの被災者たち

そうした大きな復興の流れから外された人々には、震災時点で町内に暮らしており、復興の進め方如何では町内に残る可能性があった若者たちや、将来Uターンする可能性を持っていた若者たちも含まれていた。二〇二一年に筆者が行った聞き取り調査の結果では、石巻市などの周辺市町村に暮らす雄勝出身の若者は、町に関わる意欲を持ちながらも、関われないでいる現状がわかってきた(本書・第5章参照)。
震災時点で町内在住だった若者世代は、世帯主中心に進められる復興の意思決定にほとんど関われないまま、気づけば内陸移転で町外に住居を移すこととなり、復興に関わりたいとの意思を持っていても「出て行った」からという理由で、町の未来を担う者として扱われなくなった。

地方移住の議論では、二〇代から三〇代前半の男性は出身地にUターンする可能性が比較的高いとされている。震災前にすでに町外に出ていた、そのような若者はどうだったのだろうか。実際に、町出身者の中でUターンを試みている若者は存在した。しかし、Uターンする先は雄勝町内ではなく、石巻市などの周辺市町村に内陸移転した実家となっており、「残った一〇〇〇人で頑張ろう」というスローガンを掲げる町に関わることはやはり難しいようだ。

Uターンの理由は様々で、震災前に首都圏に進学し、スポーツ選手の夢を追って努力するも叶わず実家の家業を継ぐことにした者。震災前に町を離れて復興に関われなかった負い目から、復興の節目の一〇年目だからこそようやく帰ってこようとする者。彼ら自身には内陸移転した地域への愛着は薄く、あくまでそこは実家が移動しただけの場所でしかない。愛着は今でも生まれ育った雄勝町にある。しかし、「残った一〇〇〇人で頑張ろう」という故郷には、結局のところ関われない。

こうして雄勝町は被災者の多くを切り捨てながら、高台移転のみによる住宅再建と、守るものを失った低平地に巨大防潮堤を建設する宮城県の規定復興を進めた。震災から九年が経過し、ハード面の復興事業がほぼ完了した時点での人口は、一〇三二人(国勢調査二〇二〇年)であり、震災前の三九九四人から四分の一に激減した。町の復興には、地域に戻れなかった被災者や、筆者自身も含むUターンの可能性があった若者が関われる枠組みがないという状況が続いている。

震災前の雄勝町にはあった人口還流のシステムは、復興によって失われた。その代わりなのか、首都圏の人々とつながることで、交流人口や定住人口を増やそうとしている。しかし、町の周辺には今でも故郷への想いを持った出身者たちが暮らしていることには無関心のままであるようだ。

3　広域避難下の町外コミュニティの模索と、住民不在の帰還政策
――福島県双葉郡富岡町

筆者（市村）は東日本大震災および東京電力福島第一原子力発電所事故により、強制的に避難を迫られた避難当事者である。本節は、原発災害によって全町避難となった福島県双葉郡富岡町の住民が広域的かつ長期的に避難し、その中で同じ町民同士のコミュニティづくりや避難元とのつながりづくりなど、町民が手探りしながら活動を試みた記録である。

震災・原発事故の混乱と広域避難の始まり

発災時、筆者の暮らしていた富岡町は、最大で震度六強の地震と、最大で約二一メートルにも到達する津波に襲われた。富岡町駅付近は津波被害で壊滅的な状態となり、町内でも地震の被害が広がっていた。当然、インフラも寸断され、町民は指定されている避難所へ避難したり、自ら安全を確保しながら避難することになり、地域全体が混乱している状態であった。筆者も少ない手立てで情報収集をしながら一晩を

過ごし、これからどのようにして家の片付けをするか、思案をめぐらせていた。

ところが、翌日の三月一二日の午前八時ごろ、防災無線から「原発が危機的状況である」という主旨の放送が流れ、全町避難の指示が発出された。それが富岡町民の広域避難の始まりとなったのである。周辺の原発立地地域でも同様の避難指示が発出されていたが、当時、その状況などを一般町民が知る由はなかった。

富岡町の指示は、町内のリフレ富岡(プールや温泉を備えた宿泊施設)に集合して、西側にある川内村《かわうち》へ避難するというものであった。富岡町はバスを手配して輸送するということであったが、そのバスの数も町民をすべて収容できるものではなかった。燃料があるなら自力で移動せよ、とも言われたが、結果的に大渋滞が発生することとなり、大行列でバスも車も一向に動く気配がなかった。

そのような状況の中で、周辺では防護服を着た人々が誘導していたり、特殊車両が行き交ったりしていた。その光景は、まるで自分が映画のワンシーンの中に入り込んでしまったかのようにさえ思えた。だが現実には、町民は防護する手立てもなく、不安でしかなかった。誘導している町職員に町民が詰め寄る姿も多く見受けられた。

富岡町から川内村までは約二〇キロメートルで、通常であれば、三〇分程度で到着できる道のりである。ところが、実際の避難では、川内村への最短ルートでも四〜六時間ほどもかかった。筆者も避難を開始してから、六時間以上経過して川内村へ到着した。結果的には富岡町民の半数近い住民が川内村へ避難をした。川内村の村民は約三〇〇〇人だが、そんな村が富岡町から約七〇〇〇人の避難者を受け入れた形である。

二度目の避難指示と広域避難

三月一二日から、富岡町民をはじめ行政本体も川内村へ避難をしていた。多くの町民は「着の身着のまま」の避難となっていたが、その理由としては本格的な原発事故が発生することを考えておらず、数日間で戻るという意識を持っていたからだった。原発立地地域という性質上、地元には原発関係者が多くいた。そうした事情のせいか、わずかな疑心はあったものの、原発事故以前から政府や東京電力が原発を「安全」と言い続けていたこともあり、町民は基本的に原発の「安全性」を信じていたのではないだろうか。

しかし、富岡町からの避難がある程度完了したとされる一二日の夕方に、福島第一原発の一号機が水素爆発したと知らされた。その頃を振り返ると、一般町民が持っていた携帯電話はつながらなかったのに、原発関係者とその家族のものはつながり、彼らが通話した後に、家族がそっと川内村から独断で避難をしている様子なども見受けられた。その真相は明らかではないが、関係者の家族が避難所から姿を消していくことに何とも言えない不安を覚え、「静かなるパニック状態」という感覚を抱いた。

その日の夜には、安定ヨウ素剤（甲状腺への放射線被曝を阻止・低減させるとされる）の配布が始まったが、四〇歳以上の人々には配布されず、また〇歳児から服用させるように伝えられた。服用のための説明資料もすぐに配布されたものの、安定ヨウ素剤そのものはボランティアをしていた人々が配布しており、町民が彼らに服用などについて説明を求めても回答できるはずもなく、不安が増していった。

その後、福島第一原発では三号機の水素爆発が起き、二号機、四号機から放射能が大量に放出し、やがてメルトダウン状態となる。避難先の川内村に助けが来る気配もなく、自力での避難を模索するしかなかった。そのような中、避難先の川内村にも、全村避難の指示が発出された。富岡町の行政本体は川内村と一緒に郡山市のビッグパレットふくしま（様々なイベントで使用される多目的ホール）へと避難することとなった。行政本体とともに避難をした人々は三〇〇〇名程度といわれているが、川内村へ避難をしていた多くの富岡町民は、この時に全国各地へと避難することとなった。このようにして二次避難は広域的な避難となったのである。

筆者は富岡町から川内村へ避難し、さらに川内村の全村避難によって関東方面に避難をすることになった。関東方面への避難は、自分の決定によるものではなく、川内村から脱出する際に協力してくれた友人と行動をともにしたことによるものだった。茨城県、埼玉県を経由し、東京都に住む親族の家へ避難をした。その後、四月初めに、東京都の支援策によって、「みなし仮設」（空き家や空き部屋の家賃を、仮設住宅への入居と同等のものとして公的に補助すること）として公営住宅に入居することになった。筆者にとっては、ここまでが最初の長い避難行動だったという感覚がある。公営住宅に入居し、やっと家族だけの時間が得られたことで、そのように感じることができたのである。

この時点で、すぐに地元へ帰還することは困難となり、しばらくは避難先で生活することを決めた。ただ、「着の身着のまま」と表現されるような状態だった。しかも避難が長期化することを視野に入れて、これからの生活を考えなければならなかった。避難元に残してきた生活用品などの物をどうすればいいか悩まされたが、避難先での生活基盤を早急に整える必要も生じていたので、優先順位は自ずと決まっていった。

やがて最低限の生活基盤を整え、次に避難元でやらなくてはならないことに着手するようになった。筆者の場合は事業主であったため、顧客や従業員、金融機関への対応など業務的な事柄に加え、地元では地域活動も行っていたので、その対処もしなくてはならなかった。

このような必要性から、比較的多くの富岡町民と対話することができ、そのことが、その後の行動に大きく影響してくることになった。筆者には先の見えない状態だったとしても、同じく避難をした人々と交流することで、「原発避難」という事態を避難当事者の視点から捉えるきっかけを得ることができた。またその間、支援者や研究者など様々な分野の人々との交流も多くなっていき、被災地での課題などについて触れる機会も増えていった。そうする中で、当事者である我々がアクションを起こさなければどうにもならないのだと理解することができたのである。

避難生活と市民活動

筆者はそれまで、いわゆる市民活動には参加してこなかった。町での様々な地域活動には従事していたが、市民活動については、その際に耳にする程度のものであった。避難生活を整える中で避難当事者と交わす言葉は、怒り、困惑、悲しみなどの負の感情がにじむものばかりだった。しかし、広域避難となっては、避難者同士で対話をすることさえ難しく、まさに地域のコミュニティが、原発事故によって破壊されてしまったように感じられた。

日々状況が変わる原発事故の様子をメディアで注視しつつ、警戒区域の設定や賠償問題、避難所の閉鎖など、実態がわからぬままに進んでいくことについて、避難先で共有できる人は限りなく少ない。そのため、避難者らが負の感情を持ってしまうのは必然的なことだろう。こうした状況を打開する策の一つとして、筆者らは、富岡町の避難当事者で構成する「とみおか子ども未来ネットワーク（以下、ＴＣＦ）」を発足させた。

発災前のつながりに加えて、新たなつながりを持った人々の間で「このままでは富岡町がなくなってしまう」という危機感が、交わす言葉の端々に込められていたのを今でも強く記憶している。富岡町は〝東電銀座〟と称され、原子力発電所と火力発電所が立地する、この周辺の地域の都市機能を担っていた。官公庁も多く存在しており、「郡都」という表現をする者も少なくない。

他方で「東北のチベット」と自嘲する傾向もあり、目立った固有の地場産業のない地域であった。すなわち、原子力発電所という存在はとても身近なものであり、自分たちと切っても切り離せないものであると考える住民が多かった。その原子力発電所によって壊されてしまった地域に、どのような手立てを講じられるのか、そのために必要なものは何か。そうした問いを常に抱えながらの広域避難生活であった。

筆者が後述のようにＴＣＦを発足させる際に、外部の支援者ではなく富岡町からの避難者で構成することにこだわったのは、この苦境を乗り越えるのは広域避難をした当の住民であり、そうした経験の重さを大切にしなければならないと考えたからであった。しかし実際には、そうした活動の経験も乏しい中で、避難生活を送りながらそうした組織を発足させるということが多くのリスクも含んでいることについて、この時はまだ知る由もなかった。

ＴＣＦの認知と活動指針

二〇一二年二月一一日、ＴＣＦを立ち上げ、福島県いわき市のホテルで発足式を行った。いわき市は富岡町民の避難者も多く、発災前から生活圏として慣れ親しんだ地域でもある。いわき市へ避難をしていた者が、発起人の中にいたことも大きな要因であった。趣旨の作成や呼びかけなど準備を重ねて発足式を開催したことで、会場には一五〇名近くの富岡町民が集まることとなった。

一見すれば良き船出と映るかもしれないが、内情は芳しいものではなかった。その要因として第一に、その団体名があった。「とみおか子ども未来ネットワーク」という名称は、先述したように、当時の追いつめられた気持ちから絞り出したものである。すなわち、原発事故を受け、富岡町が消滅するかもしれないという恐れがあり、たとえ広域避難をしている状況であっても、町民としてのネットワークを活かし、富岡町という地域の未来を子どもたちに残していきたいという思いが込められていた。

こうしたことを周知させるのは、今では可能だが、当時は避難生活中ということもあり、呼びかけられた人々には、「子どもたちのために何かをする会」という認識を持たれてしまったようだ。そのため、発足前の声かけに対して「うちには子どもはいない。すでに巣立ったから」という反応も見られた。

さらに難しい船出となったもう一つの要因は、団体活動についてである。あまり時間をかけても得策ではないという判断もあり、発足することを優先させた。その結果、発起人の会議の中で具体的な活動について決定できないままに発足式を迎えた。筆者は代表者として、「何をどうするかというよりも広く皆さんの話を聞いて活動していきたい」という趣旨を述べた。この内容は偽りのない素直なものであり、この時点ではこれ以上でも以下でもない本心だった。しかし参加した町民からは、この筆者の言葉にがっかりしたと言われることもあった。つまり、ＴＣＦが大きな目的を発表するという期待を町民たちは持っていたようで、それを裏切った形となってしまったのである。そのことが、発足後にも常に不協和音を奏でる要因となり、しこりを残すことになった。

こうした二つの要因への評価を筆者がすべきではないのかもしれないが、筆者個人としては、この時点においてはベストな選択をしたと考えている。

いずれにせよ、このような状態でＴＣＦは発足することとなった。ＴＣＦが初めに実施した活動は、全国に避難した人々の所へ赴き、話をする場をつくることだった。すなわち、「タウンミーティング」と称して、富岡町民の対話の場をつくることを主な活動としたのである。この活動は、発足式で発表した内容そのものだった。

タウンミーティングは、二〇一二年七月から一七年三月までに全国各地で二〇回、開催された。テーマを設けて実施するのが定石ではあるが、広域避難となっている町民らの心情からすれば、地元から遠く離れていたり、避難先では富岡町の話ができる状況でなかったりということがまずあり、計画を立てたとしても、その通りいくわけがないと感じていた。ところが、実施してみると、自ずとテーマは絞られていった。その内容は大別すれば、①避難時の過酷さ、②避難生活の厳しさ、③在りし日の富岡町の姿という三つで占められていた。避難当事者が抱えている課題を、こうした対話の内容から読み取ることができた。このような住民同士の対話からは、多くの課題や共有できる問題関心を見出すことができ、ＴＣＦの活動の基盤としての役割を果たすことになったのである。

手探り状態の市民活動の影響

ＴＣＦは活動を通して富岡町の行政にも認識されるようになり、各メディアに取り上げられることも少なくなかった。富岡町は、全国各地にいる住民に対応する方策を構築できずにいたため、ＴＣＦとともに、広域避難に即した住民対応を行おうと考えた。富岡町は二〇一三年度の一般予算として、避難している町民が、同じく避難をしている町民を訪問して対話をするという新たな訪問支援活動事業に、それなりの金額を計上しようとしていた。しかし、議会の抵抗によって一般予算から削除されてしまった。このことは、メディアでも「住民自ら行う事業を否決」という見出しで取り上げられた。筆者の推測に過ぎないのだが、こうした経緯については、その後に行われた町長選挙と関係していたのではないかと思われる。

いずれにせよ、この出来事は後のＴＣＦに大きな影響を与えることとなった。ＴＣＦは当初、法人格を有していなかったが、事業活動について自治体から採択を受けるためには法人格取得が必須であった。そのため二〇一三年六月にＮＰＯ法人となったが、富岡町での予算撤回によって事業化の構想が白紙となってしまい、法人格だけが残った。この時点で団体の解散も検討したが、行政によってつぶされた形になるのは、本来の趣旨に反しかねないと判断して、新たに事業計画を作成し継続させた。

事業計画は、タウンミーティングで蓄積された避難当事者の語りが大きな基盤となった。語られる三つの要素から事業展開をすることになったのである。行政からの公的支援や補助金に頼ることなく、市民ファンドの採択を受けて事業展開を進めた。そのため、行政の意向の影響を受けることなく、事業を行うことができたのは良かったが、その一方で、行政との連携がないことは、町民に対する印象という面であまり良くなかったようにも思われる。

そうした中、富岡町は第二次復興計画を策定する際に、ＴＣＦのタウンミーティングの手法をもとにして策定委員会を発足させることになった。筆者も策定委員となり、六〇名以上の町民と若手の町職員が集まり、ワークショップが行われた。広域避難のさなかに町民を招集することは、物理的にも難しいものだったが、この手法には、行政と町民という立場や主義の違う者同士が集まることに意義があった。避難当事者による避難当事者のための復興計画の策定を目指したわけである。この策定委員会の場は、官民が空間と時間を共有することにより、ある種のコミュニティにもなっていたと感じる。

しかし、このようにしてつくられた策定案は、第二次復興計画の本編ではなく、資料編としての採用にとどまり、思うような効果があったとは言い難い。筆者は策定委員でＴＣＦの発起人でもあるという立場から、何ともいえない虚無感に襲われた。もっとも、ＴＣＦという存在があったからこそ、町民が復興案の策定に参加するという道を少しでも開くことができたのだろう。そのことは、少なからず評価できる点だったと考える。

このようにＴＣＦの活動は、紆余曲折が続いた。広域避難となった住民が、避難元である地元コミュニティが崩壊するのを阻止するための活動だったが、そのような活動が成立することの難しさを実感せざるを得なかった。ただし、原子力行政という伏魔殿《ふくまでん》のような存在が立ちはだかる中、それでも全国に避難した住民らによる行動としては、様々な失敗に見舞われながらも、そこには一筋の光が見えていたということはいえるのではないだろうか。

取り残される広域避難者——早期帰還政策の帰結

原発事故による広域避難という状況から、人々はどのように脱却していくことができるのだろうか。二〇二二年一一月一日現在の富岡町の居住者数は二〇七七人である。これはあくまで居住している者の数字であり、避難をした人々が帰還した人数ではない。現在の居住者のうち、富岡町から避難し、その後、帰還した人々は半数程度と推測されている。

他方、富岡町の住民登録者数は一万一八〇四人であり、多くの住民が現在も避難先で生活しているというのが実情である。これまでも、地元に戻ることを前提とした「帰還政策」と称される施策が多く存在し、予算も潤沢に用意されてきた。しかし、現状の居住者数の内訳や避難者の数を見ると、それらの施策は広域避難者の実情に対応するものとなっていない。つまり、「帰還政策」は今のところ的外れなものであったといわざるをえない。

ＴＣＦでは、何よりも避難している住民の言葉が大きな財産であるという信念があった。避難体験や避難先での生活の過酷さに加え、社会的な排除も受けてきただろう。放射能汚染から土地を守り切れなかった無念、そして表現できない恐怖や実態不明の健康被害などにも悩まされながら、住民らは先の見えない状況を過ごしてきた。災害と原発事故が引き起こした、こうした状況を見れば、復興の対象となるべきは、他の誰でもない被災者・避難者であることは疑いようのない事実である。

他方で、現地の状況を見てみると、富岡町に元あった豊かな田園風景は、いまや何カ所にも設置されたメガソーラー発電所で覆われてしまっている。また田畑の土を削りとるなどの除染作業や、さらに住宅の解体による除染などで、多くの住民が不在のまま町の姿が大きく変わってしまっている。元凶である福島第一原発では、ただの指標に過ぎない行程表を頼りに手探りの事故処理が続けられている。放射能により汚染された土や水は、為政者や汚染の原因をつくった者たちの勝手な思惑により、都合のよい「科学的知見」という名目に隠されながら、なし崩し的に処理されている。

住民らは地元を離れながらも、富岡町の復興の姿を模索し続けた。しかしいまや、自らが考える復興の姿を創造していくことは、より難しい状況となってしまった。いまの現状が示しているのは、加害当事者による〝ごまかし〟と、被災・避難当事者の〝あきらめ〟に過ぎないのではないだろうか。

4　大谷海岸の防潮堤建設を住民の合意で変更へ
——宮城県気仙沼市本吉町大谷地区

防潮堤建設をめぐる住民の意思

震災後、三陸の海辺の風景は大きく変わってしまった。各海岸には巨大な防潮堤が立ち並んでいる。東日本大震災の後、国は津波のレベルを二つに分類した。東日本大震災クラスの発生頻度の低い最大クラスの津波をL2《エルツー》、それより高さが低く、明治や昭和三陸津波のように発生頻度の高い津波をL1とし、東北の被災地には、L1《エルワン》の津波に対応する防潮堤の建設が計画された。

しかし、波の集まりやすい地形を持つ三陸沿岸では、シミュレーション上のL1津波に対応した防潮堤でも、高さが一〇メートル前後に及ぶ巨大なものが計画された。当時景観や環境、防災をめぐり、各浜では建設に対する賛成や反対の意見を持つ住民同士、あるいは住民と行政との間での対立が起きていた。

一方、それに伴い市民による社会運動が各地で展開されていた。筆者(三浦)も一人の被災当事者として、震災当初からこの問題に向き合い、そして多くの地域住民の方々や専門家、行政の方々とともに、課題解決に向け様々な活動に取り組んできた。宮城県気仙沼市では、市民有志が立ち上がり「防潮堤を勉強する会」を結成し、賛成や反対を抜きにした中立的な立場から、様々な専門家を呼び市民による勉強会を展開し、住民の意見の反映や住民による合意の尊重、地域の多様性への配慮などを求めた政策提言を行った。それにより防潮堤事業に対して、課題解決や住民リテラシーの向上をはかった。

また、筆者の住む同市大谷地区では、地域住民の合意を進め、地域の象徴である砂浜を守るため、最終的には防潮堤を砂浜に造らずに背後の国道のかさ上げによって防潮堤を兼ねるという形で、陸側から海の見える環境を整備することができた。同時に、震災前と同じ広さの砂浜を再生させる計画変更にも成功した。しかしながら、あれから一三年が経過し、結果として沿岸部の風景は、その大部分が防潮堤に囲まれた風景へと変貌していた。

震災は被災地の人々、そしてそこに関わる人々の人生を大きく変えた。筆者もそうした一人である。東日本大震災がきっかけとなり、防潮堤事業は動き出したわけであるが、震災がなければ、筆者自身ここまで一つの物事に執着し、これほどまでに地域に関わり、活動することはなかったと思われる。

自宅が津波に流され

二〇一一年三月一一日、筆者は学習塾の講師として、地元気仙沼市で働いていた。午後の早い時間帯だったことから塾に生徒はほとんどいなかったが、これまで感じたことのない激しい揺れを経験した。すぐに高台に車で避難し、情報を集めた。そこで、大規模な津波が押し寄せていることを初めて知った。

家族との連絡はつかず、時をおいて自宅を目指した。南下する国道は次第に濡れはじめ、海側には、土が大きくえぐれ、瓦礫だらけの凄惨な光景が広がっていた。やがて国道は通れなくなり、山側を走る農道へと入ったが、さらにそこにも津波が押し寄せた。林道を迂回して、ようやく自宅のそばに着くと、住み慣れた自宅は流され、月明かりに濡れた瓦礫が広がっていた。地域のお寺が避難場所となり、そこで筆者は母が自宅と一緒に流されてしまったことを知らされる。そこから筆者たち家族の避難生活が始まった。

親戚の家にお世話になり、日中は避難所運営の手伝いをし、海岸線の捜索と、遺体安置所の往復を繰り返していた。次第に避難所の対策本部の事務局長を担うことになり、その後、約半年間にわたり避難所の運営に携わることになった。母は見つからなかった。同年八月に死亡届を提出し葬儀を行った。

九月、地域の応急仮設住宅が完成し、筆者たち家族は親戚の家を後にした。筆者の活動の原点には強い当事者意識がある。そして、避難所と仮設住宅で過ごした地域の人々との時間や、外から支援に駆けつけてくれた多くの人々との語らいの中で、失われ傷ついてしまった故郷の姿を前に、地域の再興を心から願い活動を継続した。そこで防潮堤の計画が示されることとなる。

気仙沼市大谷地区。震災当時の人口は三七〇〇人。大谷海岸という一キロメートルにわたる砂浜があり、夏場は海水浴客などでにぎわっていた。しかし、東日本大震災により大谷地区も大きく被災した。筆者の母も含め多数の犠牲者を出し、多くの住居が被災した。

そして大谷海岸の砂浜も、その大部分は津波と地盤沈下により消失してしまった。そこに高さ九・八メートル、底辺幅が四〇メートルの断面が台形型となる防潮堤が計画され、わずかに残る砂浜も防潮堤で埋め立てられる計画が持ち上がった。地域の象徴である砂浜が消えてしまう計画に多くの住民が激怒した。しかしながら、防潮堤のような社会的合意形成を伴う問題は、大谷地区においても賛否が大きく分かれた。地域における大きな感情的対立が秘められた問題なのだ。そして地域住民同士が対立してしまうと集団の意思を形成できず、行政と交渉する受け皿に誰もなり得なくなってしまうのである。

被災中に防潮堤事業が持ち上がる

筆者は当時、防潮堤事業に対し真っ向から反対し、岩手から福島までの各浜の横断的な連携組織をつくり、国に働きかける活動を行おうとしていた。しかし、その活動は行き詰まりを見せる。次第に防潮堤事業に対し同様に強い反対意見と怒りの感情を持つ者しか輪に加わってこなくなっていったのだ。

このままではいけない、そう考えていた矢先、二〇一二年七月、ついに自身の住む地域でも防潮堤建設の説明会が予定されることとなる。筆者は急ぎ防潮堤事業に関する署名活動を開始する準備を始めた。様々な地域の方に話を聞き、より多くの人々が賛同できる内容に要望事項を変えていった。そして、大谷地区の自治会連合会に当たる大谷地区振興会連絡協議会に諮《はか》り、全会一致で振興会が主催として署名活動を行うことが決まった。その内容は防潮堤に反対する署名ではなく、住民の意見を反映することと、防潮堤事業の一時停止を求める住民参加の署名であった。一部批判もあったが、多くの人が賛同し、地域の中で一三二四名の署名が集まった。

また、時を同じくして大谷地区のある気仙沼市の本吉町では、各振興会が中心となり震災復興計画の策定が行われていた。当時、大谷地区には単位自治会に当たる一三の振興会があり、それが二つ、三つ合わさり地域振興会という組織体を形成していた。大谷地区には六つの地域振興会があり、震災復興計画は地域振興会ごとに計画された。

しかし、地域振興会ごとの計画のすり合わせや、地域全体の課題についても協議する場が必要となり、大谷地区振興会連絡協議会を拡張した代表者会議を二カ月間で六回開催し、全体調整をはかった。その中で大谷地区では、大谷海岸の砂浜は地域全体の財産であり、これを守ることがまちづくりの上位概念として掲げられた。筆者は当時、外部から被災地の支援に入ったNGOの現地スタッフとして、専門家とともに復興計画の策定の支援に関わっていた。地域の意思決定の中枢に、自分は地域の住民として入れないことを認識しながら、この場に関わり続けていた。

こうした署名と復興計画により、結果的には、地域内の対立を回避しつつ、砂浜の上に防潮堤を作る代わりに国道をかさ上げし、地域の象徴である大谷海岸の砂浜を守るという方向で意思を形成した。しかし、防潮堤は海岸の事業であるのに対し、国道の工事は道路事業であり、国の財源が最初から違うことになるため一〇〇パーセント無理だと言われ続けた。さらに、制度上の制約があり、国道のかさ上げどころか、防潮堤を山側に下げることもできないとされた。また、大谷海岸は部分ごとに所管が三つ存在する。宮城県土木部の所管である建設海岸、林野庁所管の治山海岸、宮城県水産漁港部が所管する第Ⅱ種漁港がある。そして海岸の背後にはJRの線路用地があり、市の道の駅や国交省の国道45号線があり、それぞれ異なる管轄の財源が防潮堤計画に関わっていた。そのため、計画変更において、より困難な状況が生まれていた。

「防潮堤を勉強する会」の立ち上げ

二〇一二年は激動の年だった。被災地の多くの浜で住民間の対立、行政と住民との対立が激化する中、気仙沼市においては市民有志による「防潮堤を勉強する会」が立ち上がった。筆者も大谷地区で署名活動を行っていたことがきっかけとなり、発起人に加わらないかと声をかけてもらった。発起人には企業の社長が多く、民間の立場で市を動かしてきたリーダーの方々などが中心となっていた。結成から二カ月半で、計一三回の勉強会を行い、延べ二五〇〇人以上の市民や行政職員が参加した。土木や経済、砂浜の専門家や、宮城県土木部の担当課長、市議会や県会議員、地元出身の国会議員、そして各地域の市民の代表者など様々な方を講師に呼び、中立的な姿勢で勉強会を行った。

勉強会の内容は、次の勉強会までに議事録が起こされ、資料とともにホームページにアップロードされた。また勉強会の開催やその内容は、地元新聞を通じてつぶさに市民に共有されていた。四、五日に一回の勉強会は、運営側として大変な激務だった。先述のように多くの発起人は会社の社長だったが、なかには会社も自宅も被災しているのに、睡眠時間を削りながら、この問題に向き合い取り組んでいる方々もいた。その姿勢に、筆者は感極まるものがあった。当時、今よりも市民活動の経験に乏しかった筆者は、まちのリーダーの方々のそばについて常に学ばせてもらっていた。やがて「防潮堤を勉強する会」は、その結果から見えてきた課題をとりまとめ、防潮堤事業の在り方に対する提言書を作成し、各行政機関に提出した。

「防潮堤を勉強する会」の活動は、多くの成果を上げた。その目的の一つに、市民リテラシーの向上があった。防潮堤事業について詳しい市民が数多く生まれた。そして市民のリテラシーの向上とともに、行政のリテラシーも向上した。

結果的に、お互いを高め合い、市民の立場を行政と対等な位置まで押し上げることに成功した。そして、プロセス面では「防潮堤を勉強する会」の要望する住民合意の尊重が実現し、少なくとも気仙沼市内における防潮堤については、どの行政機関においても住民が合意しない限り、事業を進めることができない状況をつくり出した。しかし、大きな成果があった一方で、宮城県の各浜にＬ１の防潮堤をつくるという前提自体はあまり変わらずに計画は進んでいき、あとは各浜の話し合いに委ねられることとなった。

大谷海岸の砂浜を守るための計画変更へ

やがて大谷地区では、署名と復興計画に携わった若い世代が中心となり、「大谷まちづくり勉強会」を結成した。振興会が中心となり作成した震災復興計画を、市民ワークショップを行いながら読み解き、新たな大谷海岸に対して各振興会に政策提言を行った。また、地域の花火祭りの手伝いやビーチクリーン（海辺の清掃）などを行い、地域との信頼関係を深めていった。

そして、震災前から地域との信頼関係のある大谷地区の青年部の方々とともに、「大谷里海《まち》づくり検討委員会」を結成した。大谷地区振興会連絡協議会から、大谷海岸の整備計画の具体化を任せられることとなる。当時、「大谷里海づくり検討委員会」は委員が三〇名おり、三〇代から四〇代がメンバーの八割を占めるという、若い世代が中心のまちづくり協議会である。最終的な地域の意思決定は、大谷地区振興会連絡協議会が担い、検討委員会は要所で振興会とすり合わせをしながら地域の意見をまとめた。一年かけて地域の理想とするビジョンを完成させた。

このビジョンは、要望書とともに気仙沼市長へ提出された。震災前のように砂浜が再生され、かさ上げされた国道からはどこにいても海が見える環境が守られている。これが筆者たち住民の案であった。こうして筆者たちは、再び地域内が対立することなく、大谷地区のさらに具体的な集団意思をまとめることに成功した。

筆者は検討委員会の事務局をしながら、その都度、様々な仲間とともに防潮堤事業の制度そのものの問題に対する活動も並行して行っていた。岩手県・宮城県の主要な浜の施工事例や、合意形成のプロセスを現地に赴き調べ、また政府関係会議の資料や議事録にもすべて目を通した。そして、各会議の委員となっている主要な専門家にも可能な限り会いに行き、話を伺った。関係があると思う全国の社会課題の事例についても、できる限り足を運んだ。

北海道南西沖地震の津波を受けて防潮堤をつくった奥尻島や長崎の諫早湾《いさはやわん》の干拓事業、日本で唯一ダム撤去に成功した熊本の荒瀬ダム、基地問題で対立を深める沖縄の辺野古《へのこ》、破綻を経験した北海道の夕張などである。そうしてわかったことをもとにして、大谷海岸の問題も含め、様々な場面において問題提起や政策提言を行った。そのことがどこまで影響を及ぼしたかはわからないが、次第に大谷海岸の砂浜を守ることを応援する社会の声は大きくなっていったと感じている。

二〇一五年一二月、検討委員会が要望書を提出した四カ月後、国道をかさ上げし、大谷海岸の砂浜を再生するための、各行政機関による関係者会議が開かれた。そこから一年半、二回の住民説明会を通過し、二〇一七年七月に最終的な行政計画が完成した。それは筆者たちの望んだ砂浜の再生と、海の見える環境が保たれている計画であった。

署名活動から五年の歳月を経て、筆者たちは大谷海岸の砂浜を守る計画変更に成功した。そしてそこから四年間、計画の詳細や工事の途中で発生する課題、後背地の利用に関する話し合いを行いながら二〇二一年七月、新たな大谷海岸が完成した。

合意形成と調整の困難を経て残されたもの

多くの人々が心を砕いた防潮堤の問題。「防潮堤を勉強する会」の中心メンバーには、自宅や会社も被災しているにもかかわらず、活動に尽力した方もいる。そういった方は、震災前の市民活動の経験を活かし、様々な関係者との調整を行いながら、住民合意の尊重や、地域の多様性への配慮を訴えた。大谷地区は地域内での膨大な議論を経て(多くて週三回、計二〇〇回以上)地域内の対立を回避し、さらに各行政機関との調整を行うことで、奇跡的に計画変更に成功した。

多くの市民が被災のさなか、時に仕事や生活を犠牲にしながら、多くの時間を費やし人生をかけて防潮堤問題に挑んだ。ここまでしなければ、計画とは変更できないものなのだろうか。「防潮堤を勉強する会」や大谷地区の事例は、失敗の許されない調整を繰り返し行ってきた、まさに針の穴に糸を通すようなものであった。

筆者は活動の中で、定期的に自宅跡地を訪れ、あの日から始まった日々を思い返していた。それは、かさぶたを剝《は》がすような作業だったが、その痛みが薄れゆく危機感や自分がなぜ活動を始めたかということを、強く胸に刻み込むためだ。そうしなければ、自分の心は途中で折れていたかもしれない。あるいは怒りに任せ誰かを強く攻撃し、地域の中でバランスを欠いた存在になっていたかもしれない。

多くの地区で、防潮堤問題に挑んだ人々がいた。しかし、その多くは地域内の対立の中で合意形成の場からはじき出され、活動ができなくなっていった。しがみつかなければ、振り落とされてしまう復興とは何なのか。これまでずっと空気の薄いところに何年もいるようであった。今後、他の被災地域でまた同じことを繰り返すのだろうか、次の被災地では自分たちと同じ思いをしてほしくない。それがこの問題と戦った多くの人々の願いであると思う。

震災から一〇年以上が経ったいま、三陸の海辺の風景は防潮堤によって大きく変わってしまった。時間の経過とともに薄れてはいるが、地域によっては防潮堤の際に生じた対立がコミュニティに残っている浜もある。しかし、この問題を突破した事例はいくつか存在する。そして事業ありきで進んだ計画に対し、市民や行政、専門家などがともに戦った痕跡は、三陸沿岸のいたるところに刻まれている。たとえ風景が変わったとしても、そこには海と人との暮らしを別にするまいとした人々の想いが込められている。二〇二一年七月、一一年ぶりに大谷海岸の海水浴場がオープンした。その時、大谷地区の住民はようやく復興を実感することができたのである。

5　当事者排除の復興政策を超えるために

当事者による証言から

ここまで見てきた当事者たちによる証言を通してうかがえるのは、当事者たちが被災のさなかで示した、このように復興したいという意思が、のちに既定路線と化した「復興」によって退けられるような作用を受けてきたということである。雄勝と富岡では、限られた選択肢（防潮堤建設・高台移転、早期帰還または移住）が行政主導で既定路線化し、当事者発の復興は、行政によって退けられた。雄勝や富岡の当事者の証言は、「復興」とは何か、その「主体」とは何かを、改めて問いかけるものである。防潮堤建設に伴う高台移転以外の被災者の選択としての原地再建・内陸移転（雄勝地区）、広域避難に伴う帰還でも移住でもない超長期待避・将来帰還としての「第三の道」(船橋 二〇一四)の選択(富岡町)といった「オルタナティブ」の提案は、なぜ政策に反映されなかったのだろうか。一方で、大谷海岸では、周りで防潮堤建設が進む中、綿密な調整と交渉を通じて、「針の穴に糸を通すような」計画修正が行われている。大谷海岸の事例を見れば、既定路線にあっても計画の修正はできるのだから、多様な当事者を包摂していくことは可能であるし、何よりもそれは可能でなければならないことなのである。

災害復興と当事者論

災害復興の歴史をひもとくと、近代復興、都市開発型復興のパラダイムが長く根強く存在し、やがて一九九五年の阪神・淡路大震災でその問い直しを受けることとなった。阪神・淡路大震災以後特に加速した支援・ボランティア・NPO領域の展開を含め、「当事者のための復興」に向けた努力がここから始まることになる。しかし、それも虚《むな》しく、結局は開発・土建型の都市(土地)の復興論がなおも復興行政の根強い軸となっている。

それどころか、東日本大震災・原発事故においては、平成後期の新自由主義的施策に民主党政権後(自民党政権の復活)の過程で政治主導が強化され、「創造的復興」や「Build Back Better(ビルド・バック・ベター)」などの理念に見る「都市(再)開発」的な論理が、開発型の復興行政の正当性を成り立たせてしまったようである。

しかしながら、行政が示す路線に乗る被災者だけが「主体」とされる「復興」は、はたして復興といえるのだろうか。その意味では、大谷海岸の事例は重要な示唆を与えるものである。既定路線からの計画変更をめぐっては、雲仙普賢岳《うんぜんふげんだけ》の噴火災害（コミュニティ災害〔コミュニティの存続を揺るがすようなレベルの大規模災害〕とされる）においても、同様の構図が見てとれる（山下　一九九五）。新潟県中越地震の事例は、当初から被災者の主体性を取り込む形で進められた復興だといえるだろう。

これに対し、東日本大震災からの復興では、現実には多くの現場で一度行われた決定が、フィードバックされることなく進行してしまったということになる。

したがって考えなければならないのは、フィードバック過程の重要性である。地域社会の現場で現出する当事者の思いやそこから積み上がっていく集合知を、政策の変更・修正に向けて反映していく、フィードバック回路を構築していく必要がある。

当事者発の復興論のために

三人の証言が示唆することは、間違いなく復興の主体は被災した当事者であるべきだということである。その上で、第一に政策として、当事者たちが主体的に積み上げていくプロセスに配慮し、行政として政策を既定路線化せず、そうした動きから現れてくるものを柔軟に組み込んでいくことが必要である。偏りのある政策では結局、復興にはならない。住民参加は当然として、その「知」を活かす回路をとりつけなければ実効性のある政策にはならない。政策現場は、このことをはっきりと自覚する必要がある。

第二に、そのためにも現場に関わる研究者や専門家は、そこに関わる当事者たち自らに語らせ、その背景にある問題構造や主観的な意味世界を言語化し、政策現場へと接続していくことが求められる。今回、専門家はしばしば被災当事者と対極的な位置にいたようだ。しかし何よりも重要なことは、当事者の「証言」と、その背景にあるもの(問題の構造や主観的な意味世界)の説明であり、場合によっては証言や説明ができない者の代わりに誰かが代弁することである。こうした証言や説明は、しばしば当事者だけではなし得ないものである。それは当事者と専門家・研究者との協働作業によってはじめて生まれるものかもしれない。

第2章　福島発の「復興論」がもたらした当事者排除——三つの論から

（宮本）

1　福島の「復興論」　三つの視点

本章では、東日本大震災・東京電力福島第一原子力発電所事故における、特に原発事故からの復興について、福島県内の論者から「復興」がどのように語られてきたのかを整理する。(1)

ここで取り上げるのは、①町内全域が避難指示区域となった福島県双葉郡富岡町からの避難者である市村高志の『人間なき復興』（社会学者の山下祐介・佐藤彰彦との共著、二〇一三。二〇一六年に文庫化）、そして②「福島県」全体を通しての復興状況を語る、福島県いわき市出身の社会学者である開沼博《かいぬまひろし》の『はじめての福島学』（二〇一五）、最後に、③いわき市小名浜《おなはま》でアクティビストとして復興に関わる小松理虔《こまつりけん》の『新復興論』（二〇一八）の三つの復興論である。それぞれが復興を語る際、「当事者」がどのように語られているのかを、三者の著書を通じて検証する。まずはそれぞれの論点を確認していこう。

2　避難元自治体「富岡町」としての復興論
――市村高志『人間なき復興』から

福島県双葉郡富岡町からの強制避難者である市村は、二〇一三年に発表した共著『人間なき復興』において、避難者としての体験をふまえ、東日本大震災・福島第一原発事故被災地の「復興」について、「被災した町の「復興」には必ずしも元々住んでいた被災者が関わる必要がないように進み」、「そこに住んでいた人、被災している当事者の話が欠けていく」と指摘した。

被災した町を新たにどういう町につくっていくか。そこに新しさがあれば、これは単なる「復旧」ではない。元の状態に何か新しいものが含まれることで「復興」になり得る。〔中略〕新しいものが生じる復興によって、ここには以前よりもっといろんな人が集まるかもしれない。そういう意味で、ここには確かに人はいる。いるのだけれど、その新しい町を興す「復興」に関わる人は、別に元いた人たちでなくても構わない。（山下・市村他 二〇一六、四五頁）

被災者の目線からすれば、「人のための復興」という場合、その「人」は自分たちであり、そこに暮らしていた人間の生活再建と地域社会の再建が重なり合ったところにこそ、真の復興はあるわけだ。しかしながら、ある側から考えた時には、その「人」は必ずしも元いた人である必要はない。元々住んでいた人たちが住まなくても、他の人が住んで営みが始まればそれでも復興なのだ。ましてそこが過疎地で、元々からジリ貧の場所であったとしたらなおさらだ。どうせ駄目な地域なら新しくつくり直せばよい。こうして元々住んでいた人には関係のない「復興」が成り立ち得るのである。(山下・市村他 二〇一六、三四六頁)。

この「元々住んでいた人には関係のない「復興」」という表現は、二〇一一年一二月の事故収束宣言以降、特に一二年二月の復興庁の発足以降に進められた「帰還」ありきの原地復興に対して使われている。その背景として、国が提示する公共事業としての復興メニューを、自治体側は選ぶことしかできないという事情があった(詳しくは、本書・第3章参照)。

大まかにいえば、国が提示した「復興」のメニューには、まず除染があって、上下水道や道路などのインフラの復旧、次に学校や病院などの公共施設の再建があり、さらに産業創出と雇用創出による経済復興へというスキームの中に並べられる。しかし、逆にいえば、それ以外の被災者が望む地域社会の維持・再生については、復興のメニューとして選べない。町はどうすることもできずに、従来のような公共事業中心の復興だけが進み、ハコモノばかりができていく。そういう状況を市村は憂いていた。

二〇一二年一二月には民主党政権から自民党政権へと政権交代が起こるが、やはりこの公共事業中心の「復興」の流れは継続された。しかも、新政権が発足した直後には「復興加速化」が打ち出され、肝心の事故収束を待たずに、避難住民に帰還か移住かを迫る二者択一の政策が進行していった。帰れば復興の当事者だが、帰らなければそこから外される。この時すでに動き出していた復興事業によって、実はその復旧した道路や水道を誰が使うのか、新しい産業に誰が雇用されるのかという点から見た時に、事業の成果を享受する対象である「人」が、本来の被災者からすり替わってしまっていることが、市村らによって指摘されたのである。

ところで、同書で繰り返し伝えられていたのは、当事者が「かわいそうな被災者」とみなされ、政策にのれば「同情」「支援」の対象になるけれども、政策にのらなければ「わがまま」とか「こわい」などといずれにせよ奇異の目で見られてしまう理不尽さでもあった。これは、避難当事者は原発事故がなければ、弱者として見下されることもなく、自分の家や地域で暮らし、この先の人生を歩んでいた普通の人間であったのにもかかわらず、ひとたび事故に巻き込まれてしまったことで、弱者としての道か、それに抗すればわがままでこわい人たちとして見られるしかなくなってしまったことへの問題提起であった。被災当事者が「復興」に関わるには、不本意でも理不尽な政策に「のる」しかないという状況では、被災・避難の当事者が復興の担い手として正当に扱われているとは言い難い。

同書では、こうした状況を変えるため、「地域社会が回復するまでは帰れない」という当事者の思いを伝える手段として、「タウンミーティング」を通じて全国に散らばった当事者の声を集約し、自治体につなげ続けていくことが重要だと述べられている。「すべては被災者からなのだということを、被災者自身が自覚することから、何かが始まるだろう」(山下・市村他 二〇一六、三四七頁)とも記されており、当事者による、当事者が求める復興への模索が、同書ではともかく強調されている(本書・第5章の「おせっぺとみおか」はこうした論理から出発したものである)。

3　「福島県」としての復興論――開沼博『はじめての福島学』から

次に、社会学者で福島県のいわき市出身の開沼による二〇一五年刊行の『はじめての福島学』で示されている復興論について紹介する。

本書の中で開沼は、福島県出身の研究者としての立場を強調し、福島の問題を語る上で当事者以外の人々が持つ「誤解」に強く反発して、福島県外のあらゆる言説を「ありがた迷惑」(開沼 二〇一五)として切り捨てている。開沼自身は「当事者」という立場はとらないものの、福島が一括りの偏ったイメージで語られていることについて問題提起するとともに、福島県民を代表する立場から、福島県外にいる福島のことをよく知らない人は福島を語るべきではない、原発事故や放射能に対して過剰反応をする人には、知識人をはじめ、「避難当事者」も含めて、福島のことを語らないでほしい、ととられかねないような主張を展開していることが特徴的である。

開沼の同書での取り組みは、あえてデータを用いることで「普通の人」が「なんとなく」抱える「福島問題の語りにくさ」を解消しようというものである。しかし、そのデータは「福島学」と称している関係で、ほとんどの分母が「県全体」である。たとえば、「今も立入りができないエリア(=帰還困難区域)は福島県全体の何％ぐらい？／の答えは2・4％です」としたり、あるいはアンケートによる「福島からの人口流出のイメージ」が「24・38％」もあるのに対して、実際は「2・3％程度」というように、あえて「県」を分母にした統計データを用いることで被害や影響が実は小さいものだということを印象づけようとするものである。

だが、こうした論の立て方自体がまさに同書の当事者性をよく示している。確かに福島県全体の人口で見れば避難者は二・三%かもしれない。しかし例えば、避難指示解除前の富岡町の避難者は全町民の一〇〇%である。それを県全体で見てこれだけ小さいと示すのは、多数派が少数派をあなたたちはマイノリティだと主張していることになるのではないか。

さらに、人口流出がより大きい被災地ではない県と、福島県との比較も取り上げており、原発事故を地方の人口流出問題にすり替えるような議論を展開している。興味深いことに、このように福島の問題を地方一般の問題に転換する手法は、政策文書にも見られたものである。原発事故問題を福島県全体から見ることは、避難や被害の問題を矮小化するだけではないだろうか。また「福島学」を語る以上は、震災や原発事故以外のことも扱うのかというとそうではなく、主に原発事故のことのみを扱っている点も気になる。にもかかわらず、その分母を避難自治体ではなく福島県にするのは、一貫性がないように思われる。

福島県全体で見れば、県の西部の会津地方には原発事故による放射性物質の汚染被害はほとんどなく、それに対してむしろ近隣県や関東地方の一部の方が、線量が高いというケースもあるほどなので、県単位での議論がいかに的外れなのかはこの点からも明らかだろう。このやり方が通るなら、どんな大事故も小さく見せることが可能である。

だがなぜ、同書の議論での分母が県なのかというと、同書の目的が、あくまで福島県全体が直面している「風評被害」の対策であるためだと考えられる。確かに、原発事故の影響がなかった福島県内の人々にとって原発事故の影響とは「風評」なのかもしれない。にもかかわらず一括りに国内外の人々に「福島＝危険」と捉えられたことへの反発は理解できる。しかし、原発周辺自治体にとっては「実害」であることに変わりはない。本当に反論するなら、「福島＝安全」と県全体で一括りに結論づけることからこそ脱却すべきだったのではないか。福島の被害はほぼ「風評」である、と同書が断言することで、結果として、「福島は安全」と一括りにし、「実害」を訴える避難当事者や被害当事者の声をかき消した責任はないのか。

なお、開沼は県外避難者のことを「制度から漏れ落ちる「マイノリティ」」と表現している。彼によれば、県外避難者は、政策や価値観のレベルで疎外されがちな存在であり、行政サービスなどの細かいケアが受けられるわけではないため、「マイノリティ」的な存在として見ていかなくてはいけない、と述べている。これはつまり、県外避難者を原発事故の「被害者」としてではなく、ケアを受ける社会的弱者であり、「支援」や「福祉」の対象者として捉えようということらしい。この避難・加害の「責任問題」を「支援」や「福祉」の問題にすり替えるのは、やはり国の政策と通じるところがある。

県外避難者の中にも多様性があり、一部には避難生活が苦しく、ケアが必要な人がいて、きめ細やかな行政サービスはあるに越したことはない。しかし避難者が皆、社会的弱者なのかというとそうではない点には留意しておきたい。開沼の議論には、市村が指摘したような復興・支援の対象となる「かわいそうな被災者」しか想定されていないのではないか。さらに、今、社会的弱者として扱われている人の中にも、事故前は「普通の人」だったという場合もあり、支援や福祉は必要であるが、それと同時に、そのような事態に陥った責任について問われなければならないだろう。だが何より県内も県外も関係なく、県民としては対等な存在であるはずだということを強調したい。このような「県外被害者」への言及によって、それこそ開沼自身が批判する「スティグマの強化」になってはいないだろうか。

さらに本書では、「避難」「賠償」「除染」「原発」「放射線」という「ビッグワード」に頼らずに「福島を語る」ようにしたと説明されているが、その一方で「復興」については冒頭から語っている。明らかに「復興」と「避難」「被害」とを切り離そうという意図が見られ、これもまた政府文書の分析とも重なる点である(本書・第3章参照)。

同書が大半を割いて扱っている風評被害からの産業復興の担い手の努力については評価すべきものだと思う。そして、開沼自身、福島県出身者として「福島」に対するインターネット上の中傷に心を痛め、なんとか怒りを抑えて冷静に反論したとも推しはかることはできる。しかし、福島県を分母にし、「避難」「賠償」「除染」「原発」「放射線」を語らずに「風評被害」や「復興」を語る手法は、結果として、同じ福島県民であるはずの避難当事者や被害当事者の存在を否定し、その尊厳を傷つけることになってしまった。社会学とは何のため、誰のためにあるのか、考えさせられてしまう。

以上のように、同書からは「福島県」発の社会学者の「復興」論に、政府文書と同様の避難者・被害者の軽視・排除の論理を見出すことができると結論づけられる。ただし開沼も、三年、五年という比較的短いスパンでの話ではあるが、帰還を「今は決められない」という人、つまり「長期退避」の立場の尊重についても言及してはいる。しかしその帰還を決められない理由として、避難指示解除が進んだら「賠償額が下がる可能性」があり、帰還をためらう住民もいる、とも述べており、避難指示解除と賠償を安易に結びつけている点は注意したい。それでも「二重住民票」の制度の必要性を指摘している点は、避難当事者の当事者性を尊重する議論の一つとしては評価できるものである。

４　「浜通り」としての復興論——小松理虔『新復興論』から

開沼と同じくいわき市出身で地域づくりに関わる小松は、二〇一八年刊行の『新復興論』の中で、開沼が用いた「ありがた迷惑」について、「当事者語り」であると批判する。そして「ありがた迷惑」という言葉は「福島の当事者を内と外に分けてしまった」として、「今ここに暮らしている当事者の声のみで、地域をつくってはならない」とも主張していく。

小松が批判するのは、「当事者性を悪用した排除」である。「知らない人は語るな」とか、「福島県民の気持ちなど分かってたまるか」というような言説がそれであり、開沼のいう「ありがた迷惑」はそれを代表していると指摘するのである。

だが、なぜ開沼の言説が「当事者性」を悪用したものなのか、そこから小松の立場が見えてくるように思われる。小松は「当事者を限定すること、当事者を限定しようと思ってしまうような心のあり方」が対立を生み、「憂鬱《ゆううつ》の種」だと表現する。そして、東日本大震災と、原発事故の当事者は「全員」であり、「真の当事者などいない」「当事者を限定しようという身振り自体が愚か」とまで言い切るのである。小松にとって開沼の主張は、福島県民という当事者性を持ち出すことで、当事者を限定し、内と外を分断するものであったということだろう。

開沼の「復興」の議論には、原発事故に対する直接的な当事者の議論が欠けていたのは先述した通りだ。しかし一方で、小松がこの議論を否定するあまり「すべての人が当事者だ」と言ってしまうと、今度は「当事者性が濃い」人々の当事者性を不当に薄めてしまうのではないだろうか。小松は「当事者性の濃淡で優劣」をつけることまで批判するが、本当に「真の当事者」はいないのだろうか。原発事故で人生を奪われ、避難し、被曝し、事故が収束しないのに帰れと迫られている人々の当事者性と、その周辺の人々の当事者性とでは、やはり質が異なり、重みが違うように思う。

結局、小松の議論は、「当事者」の捉え方を拡大することで、当事者の中心にいるはずの「避難当事者」や「被害当事者」を排除し、当事者不在の復興を誘発する危険をはらんでおり、政策文書や開沼の議論と同様のものであるように思えてならない。実際に、小松の議論には強制避難者の視点はほとんど登場しない。小松の「復興」論は、「食」や「アート」や「ダークツーリズム」など、外部の思想による福島の再評価であり、原発避難自治体の再生には触れていない。

つまり、小松の「復興」論はいわき市の「復興」論であり、浜通り[2]の「復興」論なのであって、原発避難自治体の復興論や、原発避難自治体を含む福島全体の復興論ではないと言えるのではないだろうか。

小松本人は同書の執筆当時、いわき市小名浜在住のアクティビストとして「地域づくり」に関わっているが、福島第一原発事故発生時には、一時家族と離れ新潟県に避難したそうだ。自宅に戻った後の二〇一二年からはかまぼこメーカーに勤務し、以降、原発事故による風評被害への対応に頭を悩ませるなど、原発事故の「自主避難者」でもあり、「被害者」という意味では「当事者」でもある。

地域づくりもまた、〔中略〕ソトモノやワカモノ、未来の子どもたち、つまり外部を切り捨ててはいけない。今ここに暮らしている当事者の声のみで、地域をつくってはならないのだ。

私がこの浜通りで見てきたものは、現場における思想の不在であった。一〇〇年先の未来を想像することなく、現実のリアリティに縛り付けられ、小さな議論に終始し、当事者以外の声に耳を傾けようとしない。いつの間にか防潮堤ができ、かつての町は、うず高くかさ上げされた土の下に埋められてしまった。復興の名の下に里山が削られ、ふるさとの人たちは「二度目の喪失」に対峙している。被災地復興は、いわば「外部を切り捨てた復興」でもあったのだ。（小松 二〇一八、一一頁）

小松が、現在進められている復興政策は真の「復興」ではないという立場を取るのは市村の主張と共通している。しかし、その理由として市村が復興過程において「当事者の話が欠けている」という当事者不在を指摘しているのに対し、むしろ小松は「外部を切り捨てた復興」という「当事者中心」の復興政策がこの失敗を招いた、と指摘している点は大きく異なっている。さらに、小松がいう「当事者」は、開沼と同じく「避難者ではない福島県民」であり、避難者ではない。福島原発事故からの復興についての議論をしているはずが、実際は避難自治体ではなく、主にいわき市の復興についての議論に終始していることに注意しておきたい。

小松が採り入れるべきだと主張する「外部」に県外避難者が含まれているとすれば、市村と主張が重なる部分もある。「今ここに暮らしている当事者」以外の声として、将来帰還する「避難者」を含め、彼らの声も採り入れることを想定しているなら、将来帰還する住民を担い手にした復興への議論の可能性も見えてくる。

しかしながら、どうやら小松が「外部」として想定しているのは、「外国人」や「一〇〇年後に生まれる未来の人」、あるいは原発を受け入れざるを得なかった「過去の人」であり、「避難者」の「当事者性」

はそれらと同等の扱いか、あるいは想定すらされていないようにも読める。市村らが原発被災者の手でタウンミーティングなどで互いに会う機会をつくり、声を集約し、「当事者」が声を上げることの重要性を第一に主張している(山下・市村他 二〇一六)のに対し、小松は被災者など当事者の声のみに頼ることが「二度目の喪失」につながっているとし、「当事者」の範囲を広げて、逆にいえば当事者の声を薄めて、外部の思想を積極的に取り入れるべきだと主張している。こうした点で、両者の主張は相反するといえる。

また、市村などが「避難者」が復興の当事者として声を上げ、現地がその声を採り入れるための手段として「セカンドタウン」や「二重住民票」の必要性を強調しているのに対し(山下・市村他 二〇一六)、復興に外部の声を積極的に採り入れるべきだという小松の主張は、外部を巻き込む手段としての「食」や「アート」、そして「ダークツーリズム」を重視する復興論である。復興の「当事者」の捉え方によって、復興の手段が大きく異なってくることがよくわかる。興味深いことに、小松は開沼の主張を批判するが、「復興」として目指すものが「ダークツーリズム」だという点は、開沼と共通している。そのほかにも、「食」については「風評被害」の問題を取り上げ、県外消費者への情報発信を重視している点も重なるところがある。

小松が原発事故を「災害」と捉えており、現在のいわき市の状況に「宿命」という言葉を使っているように、原発事故の加害性については問わず、むしろ論敵は主にSNS上で「デマを流す人」、つまり風評にあることにも注意したい。いわき市にとって、原発事故の最も大きい被害は「風評被害」ということなのだろう。

以上、小松の議論について紹介したが、このように見ていくと、どうやら原発事故の実害を捉えることなしに、「風評被害」だけを扱おうとすると、「避難者」や「被害者」の当事者性不在の「復興」論が展開されるということがわかってくる。そして福島県内の「マジョリティ」としては風評被害をなんとかしたいという思いが強いために、避難者や被害者は「マイノリティ」として扱われるか、無視されてしまうことになるようだ。

小松の「復興」論も、風評被害をメインテーマとすることで、原発事故からの「復興」を避難・被害からの生活再建や回復の話から、生産者と消費者、観光産業と消費者の問題にすり替えることになっており、国が進める風評被害対策、風評払拭、リスクコミュニケーション（社会で発生するリスクに対し、行政や事業者、住民などの関係者で意見交換し、情報を共有しようとする考え）の政策と親和性の高いものになっている。繰り返しになるが、福島原発事故においては風評被害があるのは「実害」があるからであり、「実害」を問わず、何が「復旧」なのかも把握（議論や共通認識をもつこと）せずに「復興」を捉えることは、避難や被害の当事者を分断し、排除することにつながりかねないのだということを強調しておきたい。

５　三者が代表する立場とは何か

三者の主張をそれぞれが代弁する立場に注意して整理してみよう。

まず、開沼がその主張において解決を試みたのは福島県内と福島県外の分断であったように思われる。そのために「科学的な正しさ」に基づいて判断することの必要性を主張し、科学的根拠に基づかない「デマを流す人」を糾弾し、正しい情報を県外の人々が知るべきだと論じている。

次に、小松が目指したのもまた、いわき市小名浜と外部、つまり県外との分断を解消することだった。しかし小松は、福島県産のものを「食べない」という選択をする人も受け入れつつ、生産者として情報を発信していくことの重要性を説いている。福島県産の食物に不安を抱く人に、開沼の主張に象徴されるような「科学的な正しさ」を振りかざし、食べたくない人に食べさせるというのは暴力だとも述べている。

小松が開沼に対してここまでの批判をしながら、結局は開沼と同じ方向の「復興」を目指すことになるのはなぜなのだろうか。二者はどちらも〝中央を意識した主張〟だということができる。彼らの主張は「当事者」の範囲を広げた点で共通しているが、「いわき市」「浜通り」「福島県」といったマクロな視点をとればとるほど被害の核心から遠ざかり、事故に背を向け、「県外」「東京首都圏」「日本」に「復興」をアピールするものになっていく。それが「ありがた迷惑」として拒否するものであっても(開沼)、「みんな当事者」というように受け入れるものであっても(小松)、主張が県外に向けられているのは同じである。そのことによって、肝心の原発避難自治体や強制避難者が望まないどころか、関われず、排除されてしまうような「復興」の形が生まれていく。

本書の以降の章でも指摘するように、この「復興」は最初から「日本の復興」あるいは「東北の復興」という、避難当事者や被害当事者にとっては外部主導の復興であったといえる。少し絞った福島県内という単位であっても「オール福島」などという時には、原発事故の被害はあくまでも「風評被害」になってしまう。そして、その原発事故の被害は、実害というより風評被害であるという国や県の方針と呼応するように、これらの「開沼言説」や「小松言説」がつくられ、「福島県としての復興」論が強化されていった構図が見て取れるのである。その議論に、避難者である市村が入り込もうとすると、市村にとってあくまで被害は実害であり、風評ではないため、議論がかみ合わないことになる。

二〇一六年八月に原子力災害対策本部復興推進会議で決定された「帰還困難区域の取り扱い方について」に「浜通りの復興」という表現がある。これは、帰還困難区域全域の解除にはなお長期的な時間を要することが確認されたことから、帰還困難区域の中に「特定復興再生拠点区域」を設ける方針を確認した文書である。

この時、どうしても帰還が難しいとか、「復興」が難しい区域があると判明し、それを受けて、それまでは政府もあくまでも避難元の自治体単位の復興としていたものが「浜通りの復興」に拡大したことを示している。「浜通りの復興」になれば、避難指示の出ていないいわき市なども含まれるので、いわき市はいわき市としての「復興」を目指せばよいという話になる。そういった避難自治体ではないいわき市のような非避難自治体が目指す「復興」は、実害というよりも風評被害からの「復興」がメインとなるため、避難当事者・被害当事者の復興とは遠いものになっていく。

以上のように、福島第一原発事故からの福島の「復興」における「当事者」について語られている言説を分析してみると、復興論における「当事者」の扱いが論者によって異なっているため復興の当事者が濫立し、その中で最も復興の中心にいるべき当事者が誰なのか無自覚なまま議論が続いていたことがわかる。誰のための復興なのか、避難者のためなのか、その周辺自治体のためなのか、福島のためなのか不明確なままに、例えば福島県で導入されている「福島イノベーション・コースト構想[3]」に代表されるような、被災当事者不在の復興事業も決定されていったのである。

6　当事者とは誰か――被災当事者・避難当事者・被害当事者についての考察

ここで一度、東日本大震災と原発事故の被災当事者、避難当事者、被害当事者の立場の変遷について振り返ってみよう。

発災当初は震災による影響も明確であり、被災場所によって被災した程度や内容に違いはあるものの、過酷事故を前に三名の論者はもちろん、そして政府を含む東日本にいた人すべてが「被災当事者」であったといえる。

これに対して、「避難指示」を受けて「避難」が発生することで、避難した人が「避難当事者」として現出することになる。ただし、「避難指示」を受けても、情報がないまま避難せざるを得なかった「強制避難者」と、避難指示はないものの、情報を得る中で危険を感じ、避難を主体的に選択した「自主避難者」とでは「避難」の性格は異なることに注意したい。より原発の近くにいた「強制避難者」の方が、自主避難者などに比べて得られる情報が少なかったために、例えば「二、三日で帰れると思った」とか「着の身着のまま」で、「どこに連れていかれるかもわからないまま」の避難を強いられ、事の重大さを知ったのは「避難先にたどり着いてから」というケースさえあったのである。

多くの強制避難者が避難所を何カ所も移ったり、親戚の家に身を寄せたけれども長くは居られず、さらに避難先を探したり、そして県内外の仮設住宅に入ったり、さらにその後に復興公営住宅や民間の賃貸住宅への入居や、新居再建など、様々な方法で、少しでも安心・安定できる暮らしを求めて、避難先を転々とした経験を持っている。あまりにも長い間、立場が不安定な時期を過ごしてきたのだ。

一方で、危険を感じていたものの、多くの情報を得た上で、避難先の指示があるわけではないので、自ら避難のタイミングや避難先を選択できたのが「自主(的)避難者」である。「自主避難者」の中には、数十メートル先のいわゆるご近所の住民には「避難指示」が出ていたという人から、関東からより西もしくは北(北海道など)へ向かったという人まで広く含まれる。その避難の性質上、「勝手に避難した」「自己責任」などと心ない言葉を向けられる場合もあり、強制避難者と避難の状況は異なるものの、やはりその立場は不安定なままである。

しかし、「強制避難」と「自主避難」では、「避難」の質が異なるという点にはやはり注意したい。「強制避難者」は人々が国や自治体によって行動を強いられるということの異常さを、身をもって経験した存在であり、「自主避難者」のような主体的な判断ができなかった点が大きく異なっているのだ。被災以降、そうした違いからくる、避難者間の対立や分断も見受けられた。ただし、近年では各自治体から「避難指示解除」が発表され、一部の「強制避難者」の立場が自主避難者化し、「強制避難者」と「自主避難者」の違いは見えにくくなっている。

そんななかで二〇一八年に当事者団体ヒラエスによって開催された「強制避難者」と「自主避難者」による合同の「当事者キャラバン」では、全国各地でタウンミーティングが行われ、避難者間の分断が解消されうる可能性が見出されるような機会もあった。だが一方で、「強制避難者」の中でも「戻る人」／「戻らない人」、「自主避難者」の中でも「戻る人」／「戻らない人」の分断は深まっているようにも感じられた。キャラバンの中で、強制避難、自主避難にかかわらず、県外避難者は、帰還した住民や県内避難者にさえ「遠慮」や「劣等感」を感じると話される場面もあったのだ。現に「当事者キャラバン」の参加者は、ほいる人が中心であった。

とんどが県外避難者であり、県内避難者であっても、元の場所には今のところは「戻らない」選択をしている人が中心であった。

こうした避難者の整理をふまえて、今度は被害当事者について考えよう。小松は一度「自主避難」を経験して、いわき市に帰還しているため、「自主避難者」の中でも「戻った人」「元自主避難者」という立場が当てはまる。「安全」だから戻ったという立場であるから、現在の彼の立場としてはあくまでも被害は「風評被害」になるだろう。「自主避難」していた時には「実害」と感じていたものをもなかったことにするわけではないだろうが、彼が帰還して「復興」を論じる際には、実害は「風評被害」へと変換されたようだ。小松の立場は、原発事故の「風評被害の被害当事者」ということになる。

このように、「被害」において、何が「被害」なのかという、その捉え方によって「被害当事者」はまったく異なるものになる。

原発事故による安定ヨウ素剤の摂取命令や、自宅への立ち入り制限を受けた市村にとって、原発事故は「被曝」をともなう「実害」であり、市村は「実害の被害当事者」という立場である。自由も仕事も人間関係も失い、かつ現在でもその根本原因である事故収束、廃炉や除染、健康問題、（富岡町にも一部立地する）福島第二原発の動向についてなど、懸案事項は尽きない。

一方で、小松はいわき市のかまぼこメーカーで、食品の検査を行い安全性の立証をした上で、「風評被害に頭を悩ませる」日々を送っていたと述べている。つまり小松にとっての「被害」はすでに「被曝」ではなく当初から「風評被害」だったのである。

この小松の被害の捉え方については、開沼に通じるところがある。開沼にとっても原発事故が福島県にもたらした被害はあくまでも「風評被害」であり、リスクコミュニケーションで解決可能だという立場をとっている。その立場においては「正しさ」は「科学」や「専門家」や国の側にあって、不安を抱える住民や避難者の側にはない。

この三者が被害当事者としてのズレを引きずったまま、「復興」の段階に入るとどうなるか。「風評被害」に立ち向かう開沼・小松は担い手として「復興」の当事者になれるものの、「実害」を懸念する市村は実際に担い手から外されていくことになった。この構造は、政府が進めている「復興」とも連動しており、市村ら県外避難者は、「復興」政策からも、福島県内の「復興」論からも外れていくことになる。三者の中で、最も原発の近くに暮らし、事故被害の質は重かったのにもかかわらず、である。

7　被災・避難の当事者を包摂する〝真の復興〟へ

福島県内の論者であっても、彼らが「福島の復興」や「浜通りの復興」を唱える時、それは「日本の復興」や「東北の復興」を目指す政府の方針と密接に関係しているというのは、これまで述べてきた通りだ。

その事象のひとつとして、原発事故の被害を福島全体で薄めてしまうと、その被害は「風評被害」だったということになってしまうことを示した。また、政策が「風評払拭」を掲げ、「日本」「東北」「福島」「浜通り」という単位での復興政策を打ち出すほど、開沼による福島の復興論や、小松による浜通りの復興論が強化されていく点も興味深い。むしろこれは、開沼や小松による言説の存在が、国の復興政策の正当性を示し、それを支えているのではないかと問題提起したい。

開沼や小松が展開する「復興」論は、原発事故の被害を「実害」だと考える人々を分断し、あるいは無視して展開されるものであった。彼らが積極的に分断しようとしたのはインターネット上に潜む「デマを流す人」だったのかもしれないが、彼らは実体のないゴーストのような架空の「風評を流す論敵」を排除しようと議論を構築しながら、原発事故で「実害」を被っている当事者をも分断・排除してしまったようである。

三者の中で、原発事故発生時に原発の最も近くにいて、避難をさせられ、被曝させられ、人生を失ったともいう市村（山下・市村他 二〇一六、二七六頁）。彼が拠って立つところの富岡町民は、浜通りの市民の一人でもあるし、福島県の県民でもあり、そしてゴーストではなく生身の人間だ。そのような人々の避難や被害を語らずに自分中心の「復興」ばかりを語ることが、結果として原発事故での経験や、今もなお続く不安や苦悩を分断し、排除していることには目もくれず、多数派の視点で「復興しましたね」と喜んでいるとしたら、そこには大いに疑問が残る。

これと同じことは国の政策でも起きてきた。つまりは避難者を分断し、選別し、排除する論理は、政策側からも、福島を代表する「復興」言説側からも、呼応するように出現してきたのだ。そのような状況に置かれ、避難当事者の市村は「ふつうの人生」に戻りたいだけだと主張している。

「闘う被災者」っていう表現をしたのは、俺たちもふつうの人間だってことを理解してほしいってだけなんだよ。事故の前までふつうの人生だった。そのふつうの状態にただ戻りたいってだけだ。「闘う被災者」の闘いは、ふつうであるための闘いなんだよ。（山下・市村他 二〇一六、三七九頁）

開沼が認識するような「マイノリティ」として支援を求めているわけではなく、市村は「ふつう」を取り戻したいという主張をする。そのために、両者の議論は平行線を辿る。「ふつう」であるために「闘う被災者」として闘おうとすればするほど、市村らが指摘する「こわい被災者」にされてしまう。「こわい被災者」のイメージは、インターネット上にもある「こわい」存在としてのデマ・風評とも結びついてしまう。

三者の主張の対比から見えてくるのは、避難者・被害者の当事者性に基づく復興には生活のすべての回復、そして長期化の視点、多様性を受け容れる包摂が必要ということではないか。被害を分断し選別するのではなく、すべての被害を包摂し乗り越えるような議論が求められている。そのためには、避難や被害の当事者性と向き合うことが必要であるし、何が風評なのかを精査する必要がある。「風評を流すとされる人」の存在についても、ただ糾弾し切り捨てるのではなく、真摯に議論しなければならないのかもしれない。

そもそも、風評被害対策という視点に立ったとしても、風評被害も元はといえば原発事故による避難・被害から生じた被害だということを考慮すれば、風評被害からの福島の「復興」を考える際に、避難・被害の当事者性は本来不可欠である。現在のように避難・被害の当事者を排除する「復興」論は、いつまでも〝真の復興〟には到達しないといえるのではないか。

以上、本章では、政策と福島県内の「復興」言説の共通性を明らかにした上で、その両者によって避難や被災の当事者が「復興」から排除されることについて明らかにした。

8　新たな当事者「風評加害者」の登場（追記）

二〇二一年五月二三日に行われた環境省のオンラインフォーラム「福島、その先の環境へ。」において、登壇者として開沼が提示したのは「風評加害」という新たな概念であった。ここでの風評加害とは、「風評になるような理屈や言葉のこと」だと紹介されたが、あくまでも原発事故で発生した被害は「風評」であり、科学的には安全だという「事実の共有」こそが重要であるとの主張は、これまでの開沼の主張と変わらずむしろより強固になっているように思う。さらに、同じく登壇者で当時の環境相・小泉進次郎が続けて呼びかけたのは、買い物などの際に「風評加害者にならないように」気をつけてほしいという内容であった。ここで新たな当事者である「風評加害者」が登場したということに注目したい。

これまでは「デマを流す人」というのは、どこかゴーストのように架空の存在であり、当事者にはなり得なかった。しかし、このフォーラムでは「除去土壌の福島県外での最終処分に向けた国民の理解の醸成」についての議論の中で、「福島のものだから買わない、食べない、飲まない」と思う人が風評被害を生み出す「風評加害者」になり得ることが示唆されたのだ。また生身の人間である環境相自ら「私は風評加害者にならない」と宣言することで、風評加害者にあたかも具体的な人物としての実体があるような印象を与えることになった。

広く国民を「当事者」にしたこの議論は風評被害／加害問題が前提とされているため、実害としての事故被害については触れられず、なかったことにされているようにも思う。原発事故で避難を強いられた真の当事者の被害については、国民全体を分母にしてしまえば、ごく少数の人に関係するに過ぎない、小さな被害になってしまうのではないだろうか。このように当事者の範囲を広げ、国民が「当事者」となることがもたらす危険性については、本章で繰り返し述べてきたところである。

この環境省フォーラムは二〇二三年八月に第九回を迎えているが、二一年には環境省内で「ぐぐるプロジェクト」という風評加害者にならないためのリスクコミュニケーション事業も始動しており、「情報を読み解く力と風評にまどわされない判断力を身につける場を創出する」ことを目的として、その論敵としての風評加害という考え方はますます定着してきている。本書・第3章でも指摘するが、ここでのリスクコミュニケーションは、人々の「不安」や「心配」に寄り添うのではなく、「科学的に安全だ」ということを「事実」と呼び、共有するにとどまらず理解、納得させようと強要するコミュニケーションである。

実際に環境省は二〇二一年からセミナーと作品公募をセットとした「ラジエーションカレッジ」を展開している。参加者側が発表内容を考えるのではなく、環境省が用意した内容を適切に伝えることが評価されるこの取り組みは、風評加害を生まないための「人材を育成する場」という説明のもと、二〇二一年は大学生以上、二二年は高校生以上を参加者として学生・学校をも巻き込み「風評加害」という概念を若い世代にも広げてきた。二三年の同事業は年齢制限もなく、さらに低年齢層も参加可能であった[4]。

このように福島県の論者によって「当事者」が広げられたことは実は環境省、つまり国の復興政策とも引き続き密接に関わっているのである。それを本章では追及してきたが、その中ではこれまで当事者ではないと思っていた人が、自分ごととして原発事故を捉えようとする時に本物ではない「当事者」に感情移入してしまい、かえって「真の当事者」の排除に結びつくようなことが生じているように思えてならない。

第3章　政府の復興政策の変容をみる
――置き去りにされた被災当事者

（1・3＝横山、2・4＝横山・山下）

1　被災当事者排除のメカニズムとは

本章では、東日本大震災の津波災害および原発災害の「復興」政策において、被災当事者の排除がどのようなメカニズムで行われてきたのか、異なる二つの災害事象の根底にあるロジックとはいかなるものであるかを議論してみたい(1)。

その際の問題意識は、①被災当事者から見た復興政策のあり方は、はたしてどのようなものであったか、②被災当事者の意思決定を、時に「無きもの」にしてきた復興政策の「既定路線化」は、いかに進められてきたのか、③被災後の「安全／安心」がどのように構想され、その帰結としていかなる「新たな安全神話」を生んできたのか、というものである。

これを解いていくために、復興政策の全体像およびその変遷を押さえつつも、主題として論じるのは津波被災地における「災害危険区域」と巨大防潮堤（防災集団移転促進事業を含む）の問題、原発被災地における「警戒区域」と早期帰還政策(区域再編と避難指示解除を中心とする)の問題の二点である。これらの「線引き」がいかに政治・行政主導によるものとして構成され、被災当事者の状況やその意思をフィードバックする可能性を持ちえなかったのかについて、法制度の内容にとどまらず、「線引き」や、その基準の決定プロセスや運用の実態から論じるとともに、被災当事者から見た問題として考えてみたい。

そうした試みから明らかにされることは、被災後の復旧・復興過程において政治的に上から設定された「安全／安心」の基準によって、被災当事者を決定プロセスにおけるステークホルダーから排除してきたこと(政治主導)が問題の根底にあり、これら根本問題を覆い隠すようにして様々な復興施策があたかも効果的であるかのように推進されてしまったということである。

2　津波被災地域の「復興」と防潮堤および防災集団移転

岩手・宮城沿岸の津波被災地では、大規模な防潮堤の建設が進められてきた。津波被害を受けた被災地に五〇～一五〇年に一度のレベル(Ｌ１)の津波に耐えうる防潮堤を建設したもので、この津波災害からの復興の中核を担う事業とされている。しかしながらその結果、高さ五メートルから十数メートルの巨大構造物が沿岸を埋め尽くす異常な光景をさらしており、しかもその内側のほとんどが住居を建てることを許されず、無人の地帯がつらなっている。

減災と防潮堤

東日本大震災からの復興における防災の考え方は、二〇一一年六月二五日に発表された、内閣総理大臣の諮問機関である東日本大震災復興構想会議「復興への提言――悲惨のなかの希望」が基本となっている。そこには、「地域づくり（まちづくり、むらづくり）の考え方」として「「減災」という考え方」が採り入れられており、「この「減災」の考え方に基づけば、これまでのように専《もっぱ》ら水際での構造物に頼る防御から、「逃げる」ことを基本とする防災教育の徹底やハザードマップの整備など、ソフト面の対策を重視せねばならない」とされた。

こうした二〇一一年四月一四日に始まった復興構想会議の議論に対し、五月から始まった中央防災会議「東北地方太平洋沖地震を教訓とした地震・津波対策に関する専門調査会」では六月二六日に中間とりまとめを行い、ここでいわゆるＬ１、Ｌ２、すなわち「最大クラスの津波高への対策の考え方」（Ｌ２津波への対応）と、「頻度の高い津波に対する海岸保全施設等による津波対策」（Ｌ１津波への対応）とを区別する指針が示された。そこでは、Ｌ２津波（最大クラスの津波）に対しては「減災」で進めるが、Ｌ１津波（頻度の高い津波）については堤防などの「海岸保全施設等」による対策を引き続き行うこととされている。

七月八日、国の「設計津波の水位の設定方法等について」によって、防潮堤の設計の対象となる津波群が明治三陸地震、昭和三陸地震、チリ地震等とされ、さらに津波の実績に十分なデータが得られない時は、シミュレーションを行うことも明記された。九月から一〇月にかけて、被災三県で海岸堤の高さが実際に検討され発表されていく。こうした海岸堤の高さの基準を受けて、各地で震災復興計画が順に策定されていったのである。

巨大防潮堤の問題

問題は、こうして示された海岸堤の高さが、現地で行うその後の復興対策のすべての前提となってしまったことである。それ故、二〇一二年度から行われた住民向けの復興計画の説明会では、「減災」を基調とした地域づくり」は事実上「防災を前提とした地域づくり」に路線変更されてしまった。L1津波への防潮堤による対応が金科玉条とされて、東日本大震災前には存在していなかった明治三陸地震レベルの津波に対応できる構造物の完成がもくろまれることとなったのである。

またシミュレーションの結果が、例えば実際に明治三陸津波で被害のなかった地域にまで防潮堤の設置を義務づけるようなものにもなっていき、加えてL1津波に対応する堤防と、L2津波の浸水地（東日本大震災での浸水地）の間の空間が、盛り土によるかさ上げなどの対応がない場合、災害危険区域（建築基準法第三九条）として指定され、住居の建築を制限することとなった。そのため、L2津波の対応においても、事実上、「減災」は空論と化してしまったのである。重ねてこの復興事業は二〇一五年度中の完成が必要となっており、特に土地がなく、住宅密集地をかかえる被災地（都市部）にとってはきわめて実現の難しいものとなったのである。

谷下雅義と阿部晃成らの研究に従って、こうした災害危険区域の制度的な全体像やその問題点を整理しておこう（谷下・阿部他 二〇一八）。まず、災害危険区域は、津波や土石流、がけ崩れなどの危険がある区域に居住用建築物の建築を制限するものである。被災三県で震災前の建築用地になっていたところの約一七%、一万六〇〇〇ヘクタールが、防災集団移転促進事業やがけ地近接等危険住宅移転事業とセットになり、災害危険区域に指定されている。

ここで、災害危険区域の運用は市町村の条例に委ねられていることや、災害危険区域には住民参加の手続きがないことも問題点として指摘されている。被災各地で防潮堤の必要性をめぐって様々な議論が起こったが、それらの議論の内容を踏まえて整理すれば、巨大防潮堤を前提にした地域づくりには、次のような問題点を指摘できる。

【巨大防潮堤建設をめぐる時間的な制約という初期設定への固執】

まず防潮堤事業は、①国レベルで公共事業やインフラ整備の根拠となる法令が定められる(二〇一一年六月　復興基本法)。②その法令に基づいて中長期(集中復興期間)の計画が策定され、その計画に基づいた総枠の国家予算が用意される(二〇一一年一二月　復興特別区域法による復興交付金)。③県や市町村の事業については、地方自治体に地域計画の策定を通達などで指示し、各自治体は地域計画に基づいて、国に補助金を申請する。④国は地方の補助金申請を査定し、国の計画に従って予算を消化し、地方へ財源を配分する(長峯二〇一五、一七頁)。だが、こうした大規模土木事業の達成には様々な制約があり、終了するまでに相当な年月がかかることが指摘されていた。

第一に、防潮堤の建設には、地権者の合意、土地の確保が前提だが、地権者が広域に避難し、土地所有の関係においても複雑な地域が多いため(特に浜の入会《いりあい》共有地など)、その整理に数年がかかると見込まれた。さらにこれだけの事業を各地で短期間に実施するとなると、建設のための資材や人材の確保が難しくなる。また堤防後背地のかさ上げも完成には相当の年月がかかる。しかもその間に復興財源が使い切られてしまえば、事業が進行途中で中断となる危険性もあった。

第二に、これだけ防災施設の建設に時間がかかれば、それを前提にしたまちづくりは、さらに遅れるものとなる。産業復興は特に時間との勝負だから、防災の優先は産業再建にとっては強い足かせになっていく。また、防潮堤に投入される資材・人材が、肝心の復興に必要な資材・人材を占有する可能性が高く、その高騰も問題視された。さらに、そもそも岩手から宮城北部にかけての沿岸地域は平地が少なく、その少ない土地を防災施設や災害危険区域に占有されれば、町や村そのものの存立があやうくなっていく。こうして海岸防潮堤による防災を前提とした復興まちづくりは、肝心の町の復興を阻害し、場合によっては守るべき町そのものを破壊しかねないスケールを伴うものとなっていった。

例えば、石巻市雄勝町のケース（本書・第1章第2節）では、防潮堤建設とセットになった、災害危険区域への指定を受けた住民の高台移転に関して、行政は移転の合意を取る際に住民に対し、「予算の都合上五年で絶対完成させます」と説明した上で、「もう時間がない」「ここで合意しないと見捨てられてしまいますよ」と住民を煽り、合意を急いだとされる。なお、それにもかかわらず、震災から六年四カ月も経った後（二〇一七年七月頃）にようやく再建場所の造成が完了した。また、二〇一二年一二月に災害危険区域に指定され、高台移転が決定すると、そこで制度としての住民参加がなくなってしまい、戻りたいと考える住民の数が大幅に減った。当初は四六八世帯が戻ることを希望していたが、一四年六月時点ですでに一八七人まで減少したのである（谷下・阿部他 二〇一八）。

桒田《くわだ》但馬《たじま》は、防潮堤建設をめぐる行政の対応について、次のように整理している（桒田 二〇一八）。まず、防潮堤をめぐる合意形成について、市町村がまったく関与できなかったというよりも、むしろ市町村が基本計画や実施計画の策定を急ぐ必要に駆られ、計画面の問題を抱えているにもかかわらず大半の防潮堤整備が早期に容認された。しかも、被災した地域は津波に対して無防備であることから県は何らかのアクションを起こさざるをえず、果たせる役割として真っ先に防潮堤の高さが決められた。その上で、国の手厚い支援を伴う復興予算の確保とその消化の観点から、「集中復興期間」とされた二〇一五年度までに事業を実施、完了しなければならないと強く認識されたと指摘している(2)。

このように財政面の確保のために合意を急ぐ反面、建設するのに長期間を要する防潮堤事業は、様々な論理的不整合および行政・住民間の齟齬《そご》を生じることとなった。これらの事業が時間的な制約の中でどのような問題点や矛盾を抱えながら進行してきたのかを既存の文献等から整理してみたい。

津波被災の当事者である阿部晃成と三浦友幸は、二〇一四年の対談で次のように指摘している(阿部・三浦他 二〇一四)。「防潮堤を作るのはそもそも何のためか。行政側は明確に示していないのです。「人命と財産を守る」と言うだけで」(三浦談、八〇頁)、「「命を守る」という正義のお題目がついているので、誰も反論できない。だから現実に合わなくなって、うちの地元では一割しか戻らず、九割は出ていく事態になる」(阿部談、八一頁)。これらのことは巨大防潮堤による防災がもつパラドキシカルな問題点を端的に示している。

また、災害研究者や行政学関係の様々な研究者もまた、同様の問題について度々警鐘を鳴らしてきたことはいうまでもない。例えば、青木俊明と金子《かねこ》侑生《ゆうき》は、防潮堤建設をめぐる「地域紛争」がいかにして「鎮静化」へと向かっていったのかを、気仙沼市鮪立《しびたち》地区を事例として次のように整理している(青木・金子 二〇二一)。①安全性といった防潮堤建設がもたらす社会共通の利益に焦点を絞ることによってしか、多くの住民が気持ちを収める術《すべ》がなかったこと、②当初は建設に否定的だった住民側の態度が協議を経て最終的に受容側に転じたこと、③賛成派も含めて住民側は協議の進め方が適切であったとは感じていないこと、④地域分断を避けたいという非推進派の思いが反対行動の停止につながり、それが早期の紛争鎮静化につながったこと、である。

さらに、三浦や阿部の気仙沼市や石巻市雄勝町の事例にも言及している長峯純一は、行政と住民の認識のズレや対立の構図が生まれてしまった原因を「旧来型の中央主導・縦割り組織による計画行政の論理の上に乗って進められてきたところにある」(長峯 二〇一五、二〇頁)と見解づけた上で、以下のように指摘している。

国(中央防災会議)は、地勢的な条件も自然環境も社会・経済的な条件も、様々に異なる顔を持つ被災地(海岸や浜)に対して、一律のL1基準を当てはめて防潮堤を整備させようとしてきた。気仙沼市では、L1基準対応の防潮堤を整備するという前提で、L2の津波シミュレーションを行い、浸水エリアを災害危険区域と定めた。しかし、堤防高の設定がシミュレーションに依存するのと同様に、災害危険区域の線引きもまた、あくまでシミュレーション次第となる。それでもシミュレーションの結果は合理的な根拠とされ、街や集落の真中であっても線が引かれたのである。

事業が始まってすぐの二〇一二年から一四年にかけての二年間ほどは、住民が意見を示したところでは、断続的に住民説明会が開かれることになったが、特に宮城県(知事)は最後までL1基準の堤防高に頑なな態度を貫き、計画見直しを要望した地区では議論は平行線をたどることとなった。ここで県が防潮堤計画の見直しを拒んだ理由には、合理性と公平性の根拠と関連して、ある一つの地区・浜でL1基準を見直せば、それがほかの地区・浜へと波及することを恐れた点があるためとも指摘されている。気仙沼市の大谷海岸のような事例に関しても、計画をつくり直したという点では住民意見を聞き入れたといえるが、そもそもＬ１基準を見直したものではないことに注意したい。

防潮堤の根拠とされる「海岸法」によれば、海岸を主に管理する県（知事）が、海岸の保全、防災、利便性、環境保全といった目的を総合的に判断して、防潮堤等の海岸保全計画を立てる責務があるとされている。また、関係市町村長や海岸管理者、関係住民の意見を反映させる措置を講じるべきとされる。「総合的に」「意見を反映させる」とは当然、地域住民の声をしっかりと聞き、採り入れることが前提となる。そして県は個々の海岸ごとに住民の声に耳を傾けて判断することができたはずなのである。

こうした県による巨大防潮堤建設という初期設定への固執は、さらに次のような問題を生じていくことになる。それは、①政策内不整合の存在、②防災政策としての矛盾、の二点である。

【①政策内不整合の存在】

巨大防潮堤による復興政策は、まず当時進行中であった既存の政策と不整合をきたすこととなる。

第一に、巨大な構築物そのものが被災地の復興の妨げになっていった。被災地の多くが漁村・漁港であり、水産物の水揚げや加工を行う地域が多かった。被災者の多くが海とともに暮らす人々であり、海とのつながりがこの場に生きることと深く結びついてきた。加えて海水浴場や民宿経営など、海を観光・交流の場として生業を営んできた地域も多く、震災前は海岸や港を観光地として活用する事業も進められてきた。このことから、沿岸地域においては、暮らしの手段としての海が見えない景観となることを強く恐れたのである。

第二に、巨大防潮堤の建設は環境破壊につながっていった。生態系や景観の破壊はもとより、津波災害から再生した海辺の再破壊にさえなっていく。このことは、環境の保全を理念の軸の一つとして採り入れた現行の海岸法や河川法の考え方に矛盾し、さらにはこうした現行法に則って進められた各省庁の復興施策(環境省のグリーン復興や国交省の「河川・海岸構造物の復旧における景観配慮の手引き」など)とも不整合をおこすこととなる。

この復興による環境破壊という問題は、第一の点——一次産業(特に漁業)や観光業への影響——との関連でも重視されるべきであり、これらの生業が津波災害そのものよりもむしろ、その後の防災事業の実施によってその存在基盤が破壊されていったことに留意したい。巨大な防災施設は必然的に景観を破壊し、生態系を破壊することにつながり、その強要が人々の生業をも奪う結果となったと指摘せざるをえない。

こうして防災事業が環境を破壊し、生活再建・産業再建を阻害したのであり、しかもその事業が復興の前提となるというきわめて矛盾した事態が生じたのである。防潮堤は防災を進めるための選択肢の一つだが、これをすべての前提にしたために、そもそもの復興政策が整合性を欠いたのは明らかである。

第三に、こうした巨大公共事業を選択するにあたっては、各種現行法のどれもが住民の参加や合意の手続きを必要としているが(例えば、海岸法、河川法)、震災復興にあたっては、既存の防潮堤を拡張する場合であっても「災害復旧」として扱い、住民合意やアセスメントは不要のものとして進められた点にも問題がある。構築物の巨大さを踏まえれば、こうした当然の手続きなしに事業を進めたことには常識的にいって、人権侵害を含む大きな問題性をはらんでいるといわねばならない。

第四にコスト面の問題がある。巨大防潮堤は、完成後、それを既存の自治体で維持することになる。しかし防潮堤が完成しても、それ自体が居住地域を限定し、産業振興のあり方を狭めるので、産業も人口も大幅に縮小した地域でハイスペックの施設を維持しなければならないという困難を抱えることになる。

第五に、事業のターゲットに問題がある。そもそも住民参加や合意の手続きが不明瞭であり、また長期の時間がかかることから、防潮堤を建設してもその受益者がどれほどいるのかまったく不明瞭となってしまった。現地では、誰を守るための防潮堤なのかという問いに対して、高齢者などの社会的弱者がいて自力で逃げることができない場合もあるとの反論が示されたが、防潮堤の内側は災害危険区域として指定されるため居住はできない。受益者はほぼいない巨大事業が多数行われてしまった。

以上は主に防潮堤の建設をめぐる問題点だが、この他に、土地のかさ上げや、高台移転を含む防災集団移転促進事業などが、それぞれに不整合を抱えたまま計画・実施されてきた。この点にも少しだが触れておこう。

防災集団移転促進事業には、低地の住居を高台に移すことと、低地の土地を買収したうえで高台の住宅団地をつくる支援措置の二つのやり方しかない。また巨大防潮堤建設事業と同様に住民の合意を必要とせず、生命を守ることに固執し、生活を守るという視点が欠落していることなども指摘されている(谷下・阿部他 二〇一八)。

ともあれ、これらの復興事業をすべて実現するためには行政には相当の作業が必要となるが、甚大な被害を受けた地域でその労力を確保することは難しかった。しかもすべての労力が防災に向けられたため、本来振り向けるべき産業振興やコミュニティ再生に手が回らなくなってしまった。結果として巨大すぎる無理な防災公共事業が、被災地の回復過程に甚大な悪影響を及ぼしたといえる。

【②防災政策としての矛盾】

しかも何より巨大防潮堤の建設は、防災政策としても矛盾をきたしている。すでに各研究が明らかにしているように、東日本大震災でも、防潮堤だけで命が守れたのではなく、避難を促す文化や行動があってはじめて、人の命は救われたのである(船橋・田中他 二〇一九など)。防災には、コミュニティや文化、教育が不可欠である。ハードな施設への過信が被害を拡大させた面も指摘されている。このことはこの震災を通して広く認められた知見である。

東日本大震災の復興の総合的なビジョンは、前述の東日本大震災復興構想会議「復興への提言――悲惨のなかの希望」にまとめられたが、ここでは復興における防災政策は「減災」の考え方を採り入れるとしていて、この知見とも合致する。しかしながら、中央防災会議のL1・L2の議論を経て、現場では事実上、減災を行うためには、まず先に防災ハードの整備を完成させなければならないという事態になってしまい、政策の進め方としても論理的に不整合が生じたといえる。せっかくの「減災」の思想はまったく生かされず、実質的に防潮堤だけが命を守る手段とされてしまい、今回の被災地の経験とも矛盾している。それどころか、大規模防潮堤事業の遂行は減災の基礎となるべきコミュニティまでをも破壊してしまい、今後の被災地での減災の実現を根本から断ち切ることにつながった。もっとも、もはや人の住まない場所には、防災も減災も不要だともいえるのだが。

防災を担うのは本来、現場にあるコミュニティである。そのコミュニティが過酷な災害によって存続の危機に陥っている中で、そこに過度な防災施設の建設を強いたことで、いわば防災によってコミュニティを殺すことが行われた。国・県には本来、被災したコミュニティの回復をまずは最優先して、無理のない防災を計画する責務があったはずである。しかしながら、防災を絶対視することで、津波被害で痛めつけられているコミュニティの再生を阻害して減災を担う主体そのものを破壊し、防災で守るべき社会さえ解体させてしまった。そんな矛盾を、巨大防潮堤の強要ははらんできたのである。

こうした減災・防災の矛盾ないし政策内不整合は、次のように整理することも可能である（谷下・阿部他二〇一八）。そもそも、強制的に住民の居住場所を移転させるのであれば、津波に遭う前に行うべきであり、遭ってから移転させるというのはあまり意味がない。危険を回避するなら、海辺に住んでいる人たちを未然に強制的に移転させるべきという話になる。しかし、そこには人々の暮らしや文化があり、それを押しのけて行うことは簡単にはできない。ならば、津波に遭ったらそれができるというのもおかしいのではないか。もう一度そこに家を建てる自由も確保するべきである。また高台は津波からは安全かもしれないが、大雨など他の災害に対して安全とはいえない。絶対的な安全など確立することは不可能なのである。

こうして現行の復興政策は、巨大防潮堤という防災大規模土木事業をすべての前提にしてしまったため、公共事業としても、防災事業としても成立せず、それどころか復興政策を進めるほど地域社会は破壊され、人間の暮らしの復興を阻んでいくという悪循環のプロセスに陥ってしまったといえる。

3　原発事故後の「復興」と早期帰還政策

東日本大震災・東京電力福島第一原子力発電所事故から一三年が経過する。政府は福島県において避難指示の解除や除染など様々な復興事業を展開することで、早期帰還を中心とする復興政策を推進してきた。だが、原発事故被災者の生活再建や地域の復興への道筋は立たず、未だに困難な課題となっている。そこで、まずは原発事故後の避難指示、区域再編、解除に関する政治的決定の経緯を概観し、避難者数の推移など原発避難をめぐる一三年に及ぶ動きを振り返る。

原発事故後の避難指示と早期帰還政策の全体像

【事故～初期対応(二〇一一年)】

原発事故被災地の住民の避難は、二〇一一年三月一一日に始まる。当初は、原発から三キロメートル圏への政府による避難指示であり、翌一二日までに避難指示は二〇キロメートル圏に広げられ、さらに一五日には二〇～三〇キロメートル圏に屋内待避指示が出た。四月二二日には二〇キロメートル圏内に警戒区域が設定され、屋内待避指示の区域は緊急時避難準備区域に再編、また北西五〇キロメートルの方向(飯《いい》舘《たて》村、葛尾《かつらお》村など)に計画的避難区域が設定されている。[3] このうち警戒区域は災害対策基本法によるもので、許可なく立ち入りは許されない、文字通りの強制避難地域となった。

そのため、警戒区域を設定した自治体に居住する住民・法人のすべてが長期強制避難を余儀なくされた。さらには計画的避難区域、緊急時避難準備区域に指定された市町村も実質的に全自治体ないしは全コミュニティ避難を経験することとなった。

【事故収束に向けた対応と区域再編（二〇一二〜一三年）】

二〇一一年一二月の「ステップ2の完了を受けた警戒区域及び避難指示区域の見直しに関する基本的考え方及び今後の検討課題について（一二月二六日）」（原子力災害対策本部）の発表と、野田佳彦首相（当時）による「事故収束宣言」をきっかけとして、二〇一二年四月から「区域再編」、避難指示区域の見直しが始まることになる。(4)

「区域再編」は、①放射線の年間積算線量が二〇ミリシーベルトを下回ることが確実となり、数年以内に避難指示の解除が見込めるため住民の一時帰宅が可能となる「避難指示解除準備区域」、②二〇ミリシーベルトは超えるものの、一時帰宅などは認められる「居住制限区域」、③線量が非常に高く、年間積算線量が五〇ミリシーベルト以上の地域で少なくとも五年間は居住制限を行う「帰還困難区域」の三つに区分されるというものである。また、避難者の生活再建や復興の方向性についての方針が示されたのもこの時期である。

二〇一二年一二月には民主党の野田内閣は衆院選大敗を受け総辞職し、自民党・第二次安倍晋三内閣が発足した。この間、「区域再編」は政権をまたぎ実施され、一三年八月に全市町村で完了した。しかし一方では、原子力発電所の事故収束ならびに廃炉は初期からの難題とされており、のちに否定（二〇一五年一月三〇日、当時の安倍首相の発言）された「事故収束宣言」も然り、一三年経つ今も事態の収束にはまだ程遠い現状が続いている。他方で二〇一二年七月から、放射能汚染への対処として汚染土を除去する除染事業が推進されるが、その範囲や効果は限定的なものとされており、さらに加えて、汚染物質の中間貯蔵・最終処分の問題も解決し得ないものとして浮上してくることになる。

このように、被災者・避難者にとって不安や危険な状態を残したままで、帰還政策のみが推進されていったのが、福島の復興政策の際立った特徴である。一連の帰還政策は、早期帰還区域とされた市町村がまず復興の「前線拠点」とされ、その復旧・復興を集中的に行うとともに、長期避難地域は当面は「支援対象」として位置づけられた(5)。

【「復興加速化」と避難指示解除および復興再生拠点の整備(二〇一四年〜現在)】

さらに二〇一四年から、第二次安倍政権および与党は「復興加速化」を掲げていく。その中で二〇一七年四月から集中的に行われたのが避難指示の解除である。一七年四月から一九年四月に「避難指示解除準備区域」「居住制限区域」の解除が立て続けに行われ、対象一一市町村すべての「居住制限区域」が解除された。現時点(二〇二三年一一月)ではすでに、「帰還困難区域」を除くすべての区域における避難指示が解除されている。また二〇一六年八月には、帰還困難区域内に復興拠点を整備することが示され、一七年五月には「特定復興再生拠点区域」の名称で法整備された。一八年には、帰還困難区域内の避難指示解除と帰還・居住に向けた方針が発表され、二二年から二三年にかけて特定復興再生拠点区域の全域の避難指示解除が目標として設定されている(6)。

ここで福島県からの避難者数の推移を確認しておこう。まず避難指示区域内からの「強制避難者」は約九万人、区域外からの自主避難者は約七万人ほどと、最も多い時期には計約一六万人が避難を余儀なくされた(高木 二〇一四)。なお、福島県は災害公営住宅への入居者や避難先で住宅再建した人を避難者とみなしておらず、前記の人数には加えていないことから、さらに「隠れ避難者」は二万四〇〇〇人以上にのぼる可能性があるという（山本薫子 二〇一七、六三頁）。次に県外避難と県内避難に分けて追ってみると、県外避難者は二〇一一年一一月に六万人を超え、一二年一月から六月にかけて六万二〇〇〇人台を推移し、その後は減少に転じて一七年三月六日には四万人弱、二〇年八月七日時点では三万人弱となった。また県内避難者も一二年六月の約一〇万一〇〇〇人をピークに減少へと転じ、一七年三月六日には四万人弱、二〇年八月三一日時点では七五〇〇人程度となっている。この時、注意すべきは、避難者数の減少は帰還が進んだことよりも、むしろ住民票を避難先自治体に異動（移住）したり、場合によっては避難者として把握されていないということを意味することである。

このように、民主党・野田内閣から自民党・安倍内閣への政権をまたぐ「区域再編」、そして政権交代により始まった「復興加速化」の流れから、早期帰還・原地復興を中心とする復興事業を推進してきたのが原発被災地域の復興の主たる特徴である。以下では、政府の政策文書が示す「復興」の意味内容を読み解いていく。そこから明らかになることは、早期帰還政策に偏った施策や事業が被災者と地域を分断し、避難者を排除した上で、最終的には復興の主体を別のものへとすり替え（再編し）ようとするものとして作動してきたということである。

早期帰還の推進による避難者・被災地の〈分断〉

【長期避難の「デメリット」と早期帰還の「合理性」】

二〇一二年七月には、避難指示の解除に向けて、年間被曝線量の許容限度の基準値が一ミリシーベルトから二〇ミリシーベルトに変更された。これほど大幅に引き上げた理由は、長期避難の「デメリット」に対する早期帰還の「合理性」を示すことにあった。(7) しかし、廃炉までの見通しはたたず、除染にも限界があり、実際は線量も場所によっては高いまま、「今は帰れない」と避難先での暮らしを継続することは、生命や生活を守るための合理的な判断になるはずである。それだけでなく、そもそも避難を強いたのは政府であることは理解しておかねばならない。

政府が避難指示解除の理由として語ったものや、そこで持ち出されたＩＣＲＰ（国際放射線防護委員会）やＩＡＥＡ（国際原子力機関）の放射線防護の「基準値」は、こうした避難当事者の意思に基づくものではなく、避難指示解除を進めようとする政府の都合として定められたものである。だが、その基準で二〇一四年より順に解除が進むことになる。

【長期避難者の「仮想敵」化と避難指示解除による分断の先鋭化】

二〇ミリシーベルトに引き上げた基準値を掲げるようになると、その根拠を理解してもらい、そして早期帰還を推進するために、政府はより直接的にその正当性を示さざるを得なくなっていく。二〇一三年一二月「福島復興の加速に向けて」や一四年二月「帰還に向けた放射線リスクコミュニケーションに関する施策パッケージ」では、のちにも述べるリスクコミュニケーションが「早期帰還」と結びつけられた。(8) 避難者は、避難指示解除を通じて「帰る人」と「帰らない人」というカテゴリーに分けられていく。長期避難者は「復興」事業の対象ではなく「支援」の対象とされ、さらに「避難者数の減少」が政策の目標とされるようになったことで、避難者は「復興」の「仮想敵」とすらいえる存在にされていった。避難指示解除は賠償の終期と結びつけられたため、打ち切り後に生活が困窮していく人も現れる。

被害収束化・矮小化による原発被害の〈排除〉

【放射能汚染・健康への「不安」とリスクコミュニケーション】

初期の段階（二〇一一年一一月頃まで）では「風評」「不安」の問題と科学的知見に基づく住民との「コミュニケーション」は別のものであり、[9] 健康調査や放射線モニタリングなどの必要な施策が実施予定のものとして列挙されていただけだった。[10]

しかし、リスクコミュニケーションが「啓発」と組み合わさったことで、「風評」「不安」が専門知によって克服されるべき政策対象・課題とされるようになった。[11] 二〇一三年の「早期帰還・定住プラン」では、「風評」「不安」は、原発事故による被害の内容を示すものとして語られるようになった。その反面、汚染や避難に伴う社会的被害は語られなくなっていった。[12] 放射線による被曝リスクは健康不安の問題に矮小化され、また風評は個々の生産者の努力ではなく福島県全体の産業の問題として一般化され、不安を抱く被災者の心もまた科学・専門知が介入を行う必要のある「支援」対象とされ、「復興」と結びつけられていった。[13] ここで科学・専門知には、客観中立として双方向的な住民との対話・相互作用ではなく、「早期帰還」の政策目標に対して機能する役割（普及啓発）が期待されたのである。

【「風評」「不安」の「払拭」とリスクコミュニケーション】

避難指示解除が実際に進められるようになると、長期避難者は不安によって帰還できないのだからその不安を「払拭」するためにリスクコミュニケーションが必要だということになり、さらに二〇一七年の

「風評払拭・リスクコミュニケーション強化戦略」では、生業や産業への被害は「風評」の問題であり、その原因はそれぞれの心にあるのだから、それを「払拭」するためにリスクコミュニケーションが必要だということになっていく。[14] この「払拭」の要請が起こると、従わないものは加害者だという論理になる。そこで問題なのは、汚染の除去や生活環境の復旧が十分でない中、「不安」をはじめとする様々な問題といかに折り合いをつけていこうかと模索する被災者・避難者や、さらには一般の消費者までが、本来は排除されるべき「不安」を抱えた「誤った」存在とされ、科学の「正しさ」を信頼せよ、とばかりに再び彼らを「安全神話」に取り込もうとしていることである。

新たな復興主体の〈再編〉

【「福島イノベーション・コースト構想」理念の形成——帰還者・事業者とイノベーション人材が復興の主軸に】

被曝線量の基準値引き上げに始まる分割と、リスクコミュニケーションによる被害の矮小化・排除に加え、復興の主体をすり替え、別のものへと再編していく流れが次に見ていく「福島イノベーション・コースト構想(以下、イノベ)」(本書・第2章・注(3)参照)を転機につくられていく。「イノベ」とは、震災後の初期に復興構想会議等において議論されてきた「創造的復興」や「技術革新」「研究拠点構想」、再エネ事業などの計画や理念が、[15] 二〇一四年の「福島・国際研究産業都市(イノベーション・コースト)構想研究会報告書」において寄せ集められ、一つの経済的復興の構想にまとめられたものである。原発事故によって産業基盤を喪失し被災者には働く場がなくなったため「経済的自立」が必要であり、新技術と新産業を生み出すための新たな研究・産業拠点をつくらなければならないとされた。[16] ここでは、「研究者」「関連産業従事者」「新住民（移住者）」「帰還する住民」が、求められる「主体」であり、これを受け入れ、増やすことが求められるという[17]。

【地方問題への転化にみる災害・公害の脱文脈化と「自立」の強制】

そうした流れをくんで、「早期帰還」「帰還する住民や新たな住民」を前提とした「産業集積・経済発展」「科学技術による技術革新」「地方問題（人口減少、少子・高齢化社会）解消の先進地」「（地域経済や被災者の）自立」といった言説が現れていく[18]。避難や被害をもたらした事故（および被災者）に対する責任は、補償や賠償、生活環境の整備ではなく、経済的な「自立（支援）」に取って代わったのである。

そして生活再建や復旧という問題が文脈から排除され、原発事故後の復興の枠組みは「復興創生」のように一般的な地方問題の克服へと転じるようになる。「自立」が謳われはじめ、原発事故後の復興を果たすという社会的責任は被災地・被災者の「自己責任」とされていく。そこで「復興」が意味する内容は、イノベの方向性に従う事業者・事業体、そして雇用さえあればよいというものであり、被災当事者は枠組から外され、いなくてもよいものとされている。原発事故による避難や被害が引き起こした地域社会の問題やその責任は、「人口減少・少子高齢化社会」という地方問題一般に置き換えられ、課題そのものがすり替えられているのである。

【原発避難者への対応と様々な「自立支援」策】

政府は、居住制限区域、避難指示解除準備区域を解除していく際に、強制避難者への精神的賠償の支払いを避難指示解除後一年までと定めた（原子力損害の判定等に関する中間指針。特に第四次追補、四―五頁）。加えて、避難指示解除後の区域からの避難者と自主避難者への住宅支援は打ち切られ、事業者への賠償・営業補償の終了とともに事業者の自立支援事業が始まった。これらはすべて、早期帰還が実現することで、賠償も営業補償も不要になるというスキームに基づくものと考えられる。例えば、復興支援員制度、官民合同チームの訪問支援事業、放射線相談員など、帰還や事業再開に方向づけた上での「自立支援」制度を展開したのである。

二〇一九年からは「避難者数の減少」が明確に政府による復興政策の目標とされるようになる一方で、帰還が進まないことから近年は二〇〇万円の移住支援金制度を開始している。この段階にあっては、復興政策において、新規の転入者に対して支援がなされているように、主体のすり替えが行われ、「復興」が一体何を意味するのかがより一層不明確になっていった。

それにもかかわらず、一連の帰還政策が進められたことにより、避難指示解除とともに様々な避難者への被災者支援措置や事故に対する賠償措置が打ち切られた。この解除＝打ち切りに伴って、あるいはそれぞれの理由から住民票を移してしまうと、避難し続けているにもかかわらず「避難者」ではなくなってしまう。通常時では、自治体に住民票を置いている人のみが行政サービスを受けられるが、原子力緊急事態宣言下における原発避難者は、例外的に避難元の住民票を避難先に移さなくても避難先での一定の行政サービスを受けられる（「東日本大震災における原子力発電所の事故による災害に対処するための避難住民に係る事務処理の特例及び住所移転者に係る措置に関する法律（二〇一一年八月一二日施行）」、通称、原発避難者特例法）。当初、六万人強がその対象となり、これらの人々がこの原子力災害における強制避難者だということになる。

ところが、河北新報の記事によれば(二〇二二年九月)、避難指示が出されていた地域の住民登録者はなお四万九三四六人であり、居住人口(震災後の転入者も含む)は三一・五%(一万五五四五人)である。[19] このうち全町避難を経験した富岡町を例にとると、住民登録一万一八〇四人、うち居住人口は二〇〇〇人強(約一六%)で、さらにそのうち「避難先から町に戻った住民」は半分の一〇〇〇人程度にすぎないという。

【早期帰還を前提とする原地復興政策の矛盾】

早期帰還による復興は、住民たち(事実上避難者である人たち)に「被曝を覚悟で帰還するか」「自力で移住するか」の二者択一を突きつけた。自力で生活できない人だけが帰還を選択し、多くの人々は本来「償い」であるはずの賠償を手がかりに、避難先で自らの生活再建を試みるしかなくなっていったのである。しかし、帰還者のいない復興は成り立たない。そこでリスクコミュニケーションによって不安を排除し、イノベによる雇用で帰還を促そうとするが、もともと帰ることが難しい条件の中で、避難者以外のアクターを動員するのも困難であり、「復興」の中身はなくなっていく。

結局、無理な早期帰還政策がいったん方針として決まると、それがゴリ押しされ、様々な矛盾が生じることになった。この政策の矛盾は、先の津波被災地と同様な論理で捉えることが可能である。原子力緊急事態宣言を布告し、被災自治体や住民の生活を制限することで事態の収束を図るのであれば、汚染に係る一連の問題が解決するまで復旧を徹底し、その間の避難生活を保障すべきである。しかし、すぐに帰還が求められるとそれが既成事実化し、実際の復興政策は、それとは反対の方向をたどったのである。そしてこうした現状の一方で、第2章で見たように、知識人や専門家たちによって「復興」や「安全」の正当性が繰り返し語られてきた（開沼 二〇一五、二〇一六、二〇二一、小松 二〇一八）。政府の示した政策上の様々な表現や議論についても、

- 創造的復興（復旧を超えた復興）
- 福島イノベーション・コースト構想（世界に誇れる新技術や新産業を創出し、産業基盤の再構築を図る）
- リスクコミュニケーション（放射能を正しく理解させるために政府と専門家は国民や住民に啓発を進める）
- 風評払拭（原発事故被害は根拠のない風評であるのでこれを排除する必要がある）
- 原発再稼働論（経団連）や新設論（岸田政権）
- 「処理水」の海洋放出（「汚染水」ではない）
- 風評加害（原発や放射能の危険性を訴えることはデマ・風評であり加害行為である）

など、政府にとって都合のよい復興のあり方を一方的に地域や住民たちに押し付けるようなものとなっていった。また、このような一連の政府の政策や安全キャンペーンが、事故収束・廃炉や原発避難に伴う様々な被害が現在も続いていることを認識されづらくしているのである。

【新たな安全神話】

結局、強行的に帰還政策を進める中、帰還ではなく避難先への移住を決めて住民登録者は減少していったが、なお多くは移住も帰還もできずに、避難先での生活を継続している。その背景には、原発事故と避難指示の直接的な災害因である事故の収束・廃炉の道筋が見通せず、少なくとも今後数十年にわたって原状復旧が難しいこと、そして放射性物質の除去・除染や最終処分場の問題が解決しないことが挙げられる。

事故収束・廃炉に関していえば少なくとも、二〇二二年時点では、メルトダウン後の燃料デブリの取り出し（福島第一原発一～三号機）さえ、その道筋が立っていない。公式発表では、燃料デブリの取り出し装置（ロボットアーム）の試験段階であり、中長期的な目標としてこれから取り出しを行うことが示されているが、装置の研究開発が遅れていることなどから本格的な作業段階には至っていないようである。

また、放射性物質を含む処理水海洋放出を決定しつつも、そうした状況で、廃炉終了までの期間は事故後三〇～四〇年後とされている。さらに、岸田文雄首相による原発の再稼働・新増設・革新炉の開発の検討の指示といった形で、事故収束・廃炉、放射能汚染や原発避難が終わらない現状とは乖離した政策が進むようにさえなっている。

一〇年以上が経過してもなおこのような状況が続いているということは、事故から三〇～四〇年（二〇四〇～五〇年）を要するともいわれている廃炉を、東京電力が責任を持って遂行できるのかどうか、被災者にとっては疑わしく、不信感をさらに募らせる大きな要因となっている。避難指示は解除されても、原子力緊急事態宣言は解除されていない。原発事故にかかわる根本的な問題を解消できぬままにただ帰還を強要してきたことに、政策の不整合がよく表れている。

なお、こうした避難指示解除をめぐって政府と自治体の関係が非対称なものであったことにも注意が必要である。自治体の最高責任者は通常は首長であるはずだが、実際に原発事故においては総理大臣あるいは内閣や各省庁での政策レベルの決定（帰還政策やこれに係る全体的な統治）が、覆しえない主権的決定として作動していた。つまり、原発事故後の帰還政策における意思決定権は、自治体の首長や住民には建前としてはあっても、実態としてはなきに等しかったのである（金井 二〇一七、今井 二〇一九）。このことは、避難指示解除の三つの要件[20]（線量の低減、インフラ復旧や生活環境の除染、県・市町村・住民との十分な協議）が満たされることなく避難指示が解除されたことによく表れている。線量では、「二〇ミリシーベルト（一ミリシーベルトからの大幅な引き上げ）」が採用され、帰還が進められ、「住民との十分な協議」などはまったくなく、行政側が一方的に決定していった。その中で進められた除染作業も、不完全なままとなっている。こうした進め方で、本当に安心して帰れる住民などいない。これは単純に、政府からの「早期帰還」の押し付けであったといってよい。現実に多くの住民が戻ることができていないことが、何よりその事実を示している[21]。

4　復興政策の失敗をどうみるか

最後に津波被災地と原発事故被災地の二つに共通する問題点を抽出してみよう。

政策の偏向と不整合

復興をめぐって、ある方向のみが過度に強調され、そのことを軸に政策が偏向して構築されたことによって、現実の復興そのものに障害を来すようなプロセスが生まれた。原発事故被害地域では、簡単に帰ることのできない場所への帰還政策が進められ、津波被災地ではとても現実的ではない巨大防災施設の短期完成が目指されることによって、これらが本来目標としているはずの被災地復興にとって、かえって大きな障害となる結果を招いてしまった。

ある側への政策偏向が、本来できるはずの別の政策形成を遮《さえぎ》っており、結果として復興事業が復興を妨げ、津波や原発事故以上の破壊力をもって被災地を破壊した。問題は、こうした状態がなぜ起きたのかである。いずれの災害においても、多くの人が、「ボタンの掛け違い」と表現する。ではその掛け違いはどのように生じたのか。それは修正不可能だったのか。

復興政策は本来総合政策であるべきであり、一面的であってはならず、環境条件等様々な制約とも整合したものでなければならない。そしてそのためには、政策としての総合性が重要であり、社会やコミュニティを成り立たせている条件、被害の実態との整合性、さらには受益者となるべき住民（被災者・避難者・被害者）の意向や意見、何よりそうしたものを踏まえて立案されねばならない。

二〇〇〇年代までには、そうしたことの必要性は国民のコンセンサスにもなっており、環境（条件）への配慮や住民参加は、法制度にも組み込まれてきた。にもかかわらず、なぜこうした手続きを簡単に飛び越して、政策の決定・事業の実施が急がれたのか。社会学的には、この震災を前にして生成したある種のパニックを読み解くことで理解可能なものとなる。

引き起こされたパニックの中での政策形成

東日本大震災・福島第一原発事故は、その強い衝撃が日本人全体に心的パニックを引き起こした。それは国民のみならず、政府関係者や関係省庁においても同じであった。そしてこのことから当初、この事態を冷静に見極め、未来を予測して、的確に政策形成できる状態に、この国の中枢はなかったように思われる。だが、その時期に今の復興政策の方向性は決められてしまった。この時の議論の流れを今振り返れば、次のようにまとめることができるだろう。

まず原発事故被害地域では、状況がやや落ち着き始めた二〇一一年夏頃、メディアで目立った避難者の声は、「いつ帰れるんだ」「早くふるさとに戻してくれ」だった。これは特に避難所や仮設住宅で暮らす高齢者たちの意見であったということができる。「我々が帰らなければ地域はなくなってしまう」「避難を続けることでかえって健康がむしばまれていく。早く戻してくれ」。そういう声もあった。またこのままでは自治体の存続は危ういと感じた首長たちもおり、こうした声に多くが同調した。この初期の「早く帰してくれ」という声への反応が、のちの帰還政策につながったとも考えられる。

しかしながら、こうした声は、二〇一一年秋から始まる一時帰宅を経て急速にしぼんでいった。原地の放射線量の高さを踏まえ、子どもや若い人々が現実には帰れない(帰らない)ことがわかってくれば、高齢者自身にも「帰りたくても帰れない」ことは理解されてくる。しかしこの時までには早期帰還が復興の至上命題として機能し始め、それ以外の可能性が排除されるほどになっており、(当面)帰還しないことへの対応はまったく無策のままになっていった。

一方、津波被災地では別の論理が展開していた。こちらでは、当初大規模な津波を前にして、「二度とこんな目に遭いたくない」「津波はこわい」という感情が強く表現されていた。また防災を司る行政や専門家の関係者には、約二万人の死者・行方不明者を前にして、「なぜ想定外ですませてしまったのか」「二度と津波で人が死んではいけない」という悔恨が渦巻いていった。津波被災地の防潮堤問題で、その高さの引き下げに最もかたくなであった村井《むらい》嘉浩《よしひろ》・宮城県知事が示す様々な発言も、こうした文脈で考えれば理解可能なものである。当時の知事には、そこに過失はなかったにしても、これだけの死者を出してしまった責任を感じていたのだろう。そしてその責任に応える最低限の対応として、Ｌ１津波に対する防潮堤建設が選ばれたのだということはできるだろう。

しかしながら、一年も経ってくれば被災地・被災者も回復する。また復興全体のあり方も踏まえて、地域の将来も議論されてくるようになる。言説は落ち着き、被災当時のことを振り返りながら、防災そのもののあり方さえ問われるようになる。そして事実、この津波を振り返った時、必ずしも防災施設がすべてを守ったのではないことも実感されはじめ、言葉として表現されるようにもなっていく。こうした言葉を発するのはその時その場で修羅場をくぐり抜けた人たちであり、さらには身内や親しい人を喪った人たちである。だがその時には、すでに防災至上主義が政策を決定し、自分たちの声が政策に入り込む回路は失われてしまっていた。それどころか、早期の計画決定を強調・強要し、それによって被災当事者を排除する復興には、一定の人々にとっては政治的な「うまみ」が生じていたようにも推察される。

なお、これだけ政府や自治体(県)を急がせた背景として、マスメディアが「復興が遅い」ことをことさら問題にし、世論がそれを後押ししたことも強調しておく必要がある。これもまた国民のパニックの一側面であった。こうして強く国民全体の意向を受けながら国の復興スキームは決定されていき、かたや何が何でも被災地に急いで帰って復興せよという「復興パターナリズム」が現れ、他方で何が何でも津波から命を守れという「防災パターナリズム」が生じて、復興の方向性を強く規定してしまった。被災地・被災者の回復を助けるはずの復興政策が、初期のパニックに引きずられたために、現実の被災地の状況には適合しない、むしろ被災地の復興を破壊するような事業として展開されることとなったのである。

科学と専門家の役割

東日本大震災・原発事故では政策が急がされ、ごく一部の情報や偏った科学的知識に基づいてその方向性が早期に決定されてしまった。今あらためて、いったん決まったことを既定路線とすることなく、柔軟に様々な知見を採り入れ、適切な科学的・専門的見解に基づいて政策内容を軌道修正できるかが問われるべきだ。それにはおそらく、現在の政府の復興関係の機構のあり方が問い直されていく必要があろうが、そもそもの現場である県・市町村などの自治体においても、再帰的な政策形成プロセスが実現されるよう、その財政や事業採択のあり方、あるいは組織体制や専門家支援、住民自治のルートなどにおいて、無理のない効率的な形が実現されるべく、様々な変革や工夫が引き続き導入される必要があろう。

そして何よりも、住民の意向が政策形成にきちんと生かされる仕組みを再建しなければならない。しかしこの問題は一筋縄ではいかない複雑な困難性を抱えており、そのあるべき方向を示すのは容易ではない。この震災の中で筆者らが気づいた論点を、津波・原発事故それぞれの事例から示しておくにとどめたい。

まず防潮堤の問題について。巨大防潮堤の必要性については「命と財産を守る」ためとされてきた。しかしながら、被災地の議論の推移を見ていると、この命や財産には、被災地に暮らす人々のものだけではなく、国民全体の命や財産が含まれているようである。例えばここでの財産は、被災地の住民の財産と考えるのが普通だが、公共物も含まれているとされる。そしてその根拠として、国の財政で行う復興なのだから、国民全体のためのものでなければならないという論理さえ働いているようである。

しかしながら、そう議論してしまえば、「その地で暮らす当の人々の命や財産はどうあれ、国家のために防潮堤をつくります」と言っていることになり、本来の防災や災害復興の目的から大きく外れることになる。防災は広く国民のためである前に、まずはそこに暮らす人々のためのものである。だからこそ住民は、土地の減歩をはじめ、様々な負担にも耐えるのである。もしこれを国民のため、県民のためということにするのなら、これを災害復旧のスキームで進めた（これまで住んでいたところから囲い出す）のはどう考えても横暴である。新規の施設をつくる時と同じように当然、アセスメントや住民参加の手続きが必要となる。おそらく被災地で生じた事態はそう評価し、断罪すべきものである。あるべき政策とは程遠い事態が進行していた。

原発事故についても、同様に帰還政策は一見、被災した住民全体を対象にしているかのように展開されている。しかし実際に帰還政策が進めば、復興政策は帰る住民たちだけのものになり、加えて、元は住民ではなかった人でも、新たに被災地に入り込めば、これもまた復興政策を享受する人間になる。そして自治体の側もその存続を考えれば（ただし自治体を居住人口のみで考える必然性はないのだが）、住民の数の確保が至上命題となり、住民は必ずしも被災者である必要はなくなっていくことになる。

こうして復興から多くの被災者がこぼれ落ちることになるが、そうした復興政策が許される根拠も、復興を進める財源は各自治体が用意したものではなく国が用意したものであり、その恩恵は被災地住民だけでなく広く国民に開かれるべきものだからということになりそうである。だが、それでは何のための復興なのか。本来は被災者・被災地のためとして、巨大な復興財源の確保を認めたあの時の一般の国民感情からすれば、まったく許容できないような事態がこのようにして展開してしまった。そしてそこにはどうも被災者でも被害者でもない人間が火事場泥棒のように群がり、うごめく姿が見え隠れするのである。

第Ⅱ部　復興と「戻る」こと

「タウンミーティングin宇都宮」で挨拶をする市村高志(2012年7月)

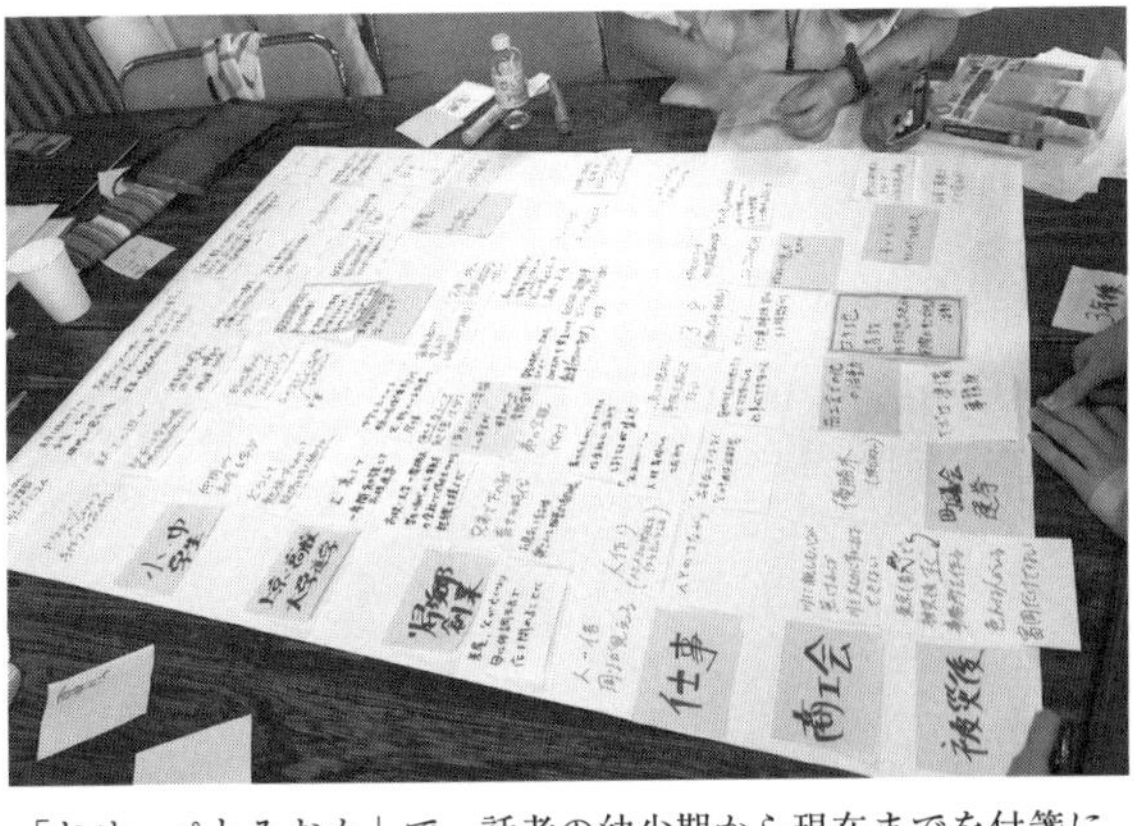

「おせっぺとみおか」で，話者の幼少期から現在までを付箋によって可視化する(2012年7月，撮影・いずれも「とみおか子ども未来ネットワーク」)

第4章　地域の未来を支えるのは誰か
――地域と人を結ぶ力

（1・4＝横山、2・3＝成田）

1　地域とつながろうとする力

本章では、はじめに第Ⅰ部を総括した上で、特に第3章で見えてきた政策的な課題（復興政策における被災者排除）を乗り越える一つの手がかりとして、若者世代および彼らを捉えるある概念に着目して検討したい。すなわち「地域を形成しそこに人を引き留め置く力」である〝ホールド（Hold）〟という概念である。

第Ⅰ部では、東日本大震災での津波被害および原発災害からの復興過程において、当事者排除には様々なメカニズムが働いていることが明らかになった。第一に、被害の特殊性があり、直接的な被害の大きさだけにとどまらず、被害が長期化し地域での生活が根こぎにされるほどの社会改変が進んでいることがある。これと関連して第二に、復興の既定路線化がある。土建主義的・原地再建主義的施策が、政治主導的な「線引き」を根拠に当事者の意思をなきものとして強引に推進された。それにより、復興そのものが生活破壊に直結し、また当事者の意思に基づく回復のためのフィードバックもなされることがなかった。

第1章では、雄勝・富岡・気仙沼の事例を見たが、それぞれに多様な被害の様相があり、地域性も異なるため、たどる復興過程は三者三様である。しかし、そこに共通して見られるメカニズムがある。それは「当事者の排除」である。だがもちろん、当事者がいなくなれば、復興は成り立たなくなる。そこには新たな主体が必要となり、その論理が第2章でも垣間見えたような「東北発・農山漁村の復興論」に対する「東京発・都市の復興論」であった。

津波被災地では巨大な防潮堤を建設し、防災と称して集団移転を行い、それに乗らない被災者が復興過程から排除されたとしても、極論としては被災地外からの「よそ者」や「若者」などが地域活性化・移住促進政策によって関わり移り住む、「人口減少下の復興・創生」が図られればよいとされた。他方で、原発被災地では、警戒区域・避難指示区域として立ち入りや宿泊を禁じておきながら、除染や廃炉を着実に進めるという努力目標のもと、一般人に許容される一年間での放射線量を新たに二〇ミリシーベルトという基準に設定して避難指示を解除し、それで帰らないなら復興の主体ではないとされた。さらに、津波被災地と同様に移住促進策を展開し、「原地」に関わる人(帰還者というよりもむしろ関連産業に従事する新規転入者・労働人口)さえ一定数いればよいこととなった。しかし、いずれの地域でも移住は進まず、人口は回復しないどころか、復興から排除された被災者たちの再建についても無策なまま、時が経過することとなった(本書・第3章参照)。

第I部では、東日本大震災の復旧、復興政策の問題点を描出し、政策の失敗を論じてきた。もっとも、そうはいっても、そこに帰る人がいなければ復興政策ははじめから不要だといわねばならないことになる。移住政策にもまた一定の理由があることにもなろう。それに対し、一三年経って見えていることは、こうして帰れない復興政策の中でも被災者たちはなおも帰還を希望しており、元住んでいた場所への思いを断ち切れずにいて、しばしば帰ろうとしていることである。

人は、ある場所に生まれ、住むことで、その場所に対して特別な思いを抱き、そこから離れず、離れていてもやがてはその場に戻ろう、帰ろうとするものである。本章では、地域で育ち、被災を経験した若者世代の姿を考える枠組みとして、社会心理学から提起されてきた「地域を形成しそこに人を引き留め置く力」としてのホールドに着目する。このホールドは、災害に限らず、様々な社会的移動の中で出身地域から物理的に離れても、心理的・社会的にそのつながりが途切れずに関係が継続する状態を示すものである。

このホールドはこれまで、避難者の「ふるさとへの想い」や「個人に内在する地域アイデンティティ」などとして災害研究で語られてきたものと重なるところがあるが、本章ではこれを都市社会学や農村社会学の視点から深掘りし、当事者発の復興論として再構成していきたい。過疎地域へのUターンの可能性として議論されたホールド論(そもそも出稼ぎを考察する概念として提起された)を、被災地域における広域避難の裏側にある人々の帰還願望に重ねることで、被災し、避難を余儀なくされた人々が直面する心理的・社会的な問題構造を仮説的に描出する。その上で、続く第5章では、我々が観察してきた三地域(富岡、南相馬、雄勝)の若者たちに焦点をあてて、このホールドの作用を具体的に見ていくことにする。

2　地域を形成しそこに人を引き留め置く力——ホールドとは何か

巨大災害発生後の「地域の未来を支えるのは誰か?」という問いに対して、本章で示される答えは、①

災前・災後も地域に留まり暮らしてきて、これからも暮らし続けようとする人々とともに、②(震災の直接的な被害の有無にかかわらず)一度地域を離れたとしても再び戻って関わろうとする人々、なかでも若い世代で他地域へと出ていった者(他出者)がいる、というものである。それは言い換えると、本来、地域には人々を引き留め置く力、すなわち元に戻ろうとする/元に戻そうとする力があるのであり、それを阻害せずに寄り添い、支えていくことが、当事者＝地域で暮らしてきた人々にとっての本来的な意味での復旧・復興になるはずだということである。

本章では、それを、「地域を形成しそこに人を引き留め置く力」である〝ホールド(Hold)〟という考え方に基づき、示していく。以下、この第2節でまずホールドについて論じる。そして、続く第3節で、それらが津波被災地域および原発被災地域における災後の復旧・復興過程においても観察される普遍的な現象であることを、この災害の当事者である阿部晃成・三浦友幸・市村高志の三人の状況をもとに読み解いていく。

ホールドとは——「出稼ぎ」という選択から見る

ホールドという考え方は、社会心理学者の作道信介が、青森県における出稼ぎ(者)に関する研究から析出したものである。

人口排出地域だった青森県では一九九〇年代まで過疎問題が顕現しなかったのだが、その移動論的要因の一つに、出稼ぎが他の地域に比べて長く続いていたことがあげられる(山下 二〇〇六)。青森県にはいつでも出稼ぎに稼働できる客観的な水路があり、人々が出稼ぎを生活に組み込むことができたため、「故郷で暮らす方法」「故郷に残る方法」の一つとして、出稼ぎが機能していたとされる（作道 二〇〇六、二〇〇七、作道・社会調査実習人生班 二〇一一）。

従来、地方の（過疎）農山漁村地域でなぜ出稼ぎが生じるのかに関する一般的な説明は、「プッシュ－プル（押し出す力と引き出す力）」枠組みを前提としたマクロな経済・社会面からなされてきた。つまり、農村における農家経済の衰退・破綻（＝農村から人を押し出すプッシュ要因）と、都市部での労働力需要の増大（＝都市部に人を引き付けるプル要因）という労働力の需給関係に着目して、出稼ぎという現象は理解されてきたのである。この枠組みで示される出稼ぎ者は、経済的動機をもつ労働力＝個人として、経済状態の高低で農村と都市（労働力の供給側と需要側）を動く存在とみなされる（大川 一九七八、渡辺・羽田 一九八七）。

他方、作道が見てきた青森県の出稼ぎ者は、戦前から戦後復興期・高度経済成長期を通じて地元の人間関係の中で行き慣れた職場に就労し、地元を不在にする期間をはさみながらも故郷に戻ってくる暮らしを続けていた。人々の生活設計や将来展望の中心は故郷で暮らすことにあった。出稼ぎという労働形態が彼らにとって客観的にも主観的にも身近に存在していたことにより、それが可能となっていたのである（作道 二〇〇六、二〇〇七、二〇〇八）。

作道はこのような出稼ぎの「戻る」側面を捉え、地域社会には労働力需給の高低で示される社会経済的なプッシュ－プルの諸力に対する「地域を形成しそこに人を引き留め置く力」としての Hold（作道 二〇〇六、五〇頁）が働いているのではないかと論じたのである。

他出者にかかるホールド——地域間移動のプロセスとそこに働く様々な力学

作道はこのホールドを津軽地方に固有の現象ではなく、一般的なものだと論じる。一方、増田《ますだ》寛也《ひろや》は二〇一四年に著書『地方消滅』で、人口の東京一極集中により多くの地方自治体が消滅しかねないとして、それを回避するためには地方の中核都市を守るのを優先するなどの「選択と集中」が必要だと論じたが、この「増田レポート」を批判した山下祐介は、地方に人を引き留めるホールドの力が働いているからこそ、二〇一〇年代半ば以降の人々の「(地方への)回帰」現象が生じていると見る(山下 二〇一二)。

この点について筆者(成田)は、作道の議論を整理しながら、①見知った人との関係性があること、②地方と中央の断続的で循環的な移動(出稼ぎ)の日常生活への組み込み、③個人が主観的に思い入れのある場所が存在し、それを地域の外から意識していること、の三点が出身地域を離れた人々に見出されるとき、ホールドは出稼ぎ(者)に限定されない概念として敷衍《ふえん》することができることを、青森県出身の首都圏在住者の事例をもとに論じてきた(成田 二〇一九)。そしてこれらの論点は、近年の関係人口[1]と関わるものでもある。

以上を踏まえながら、ホールドが人々の移動にどう関わってくるのか、という人々の地域間移動のプロセスとそこで働く諸力学は、**図4-1**のように示すことができるだろう。他出者および転入者には、大別して五つのプロセスおよびそこで働く力学——①地域に留まっている人(定住者)にかかる力、②定住・他出にかかる「(出身地からの)脱出」方向に働く力、③他出者にかかる「(出身地への)回帰」方向に働く力、④Uターン希望者にかかる「(出身地への)回帰」方向に働く力、⑤Uターン者や転入者(Iターン者)にかかる力——が想定される。以下、順に説明する。

まず、「地域に留まっている人(定住者)にかかる力」がある。これは例えば地域への愛着の強さや地元

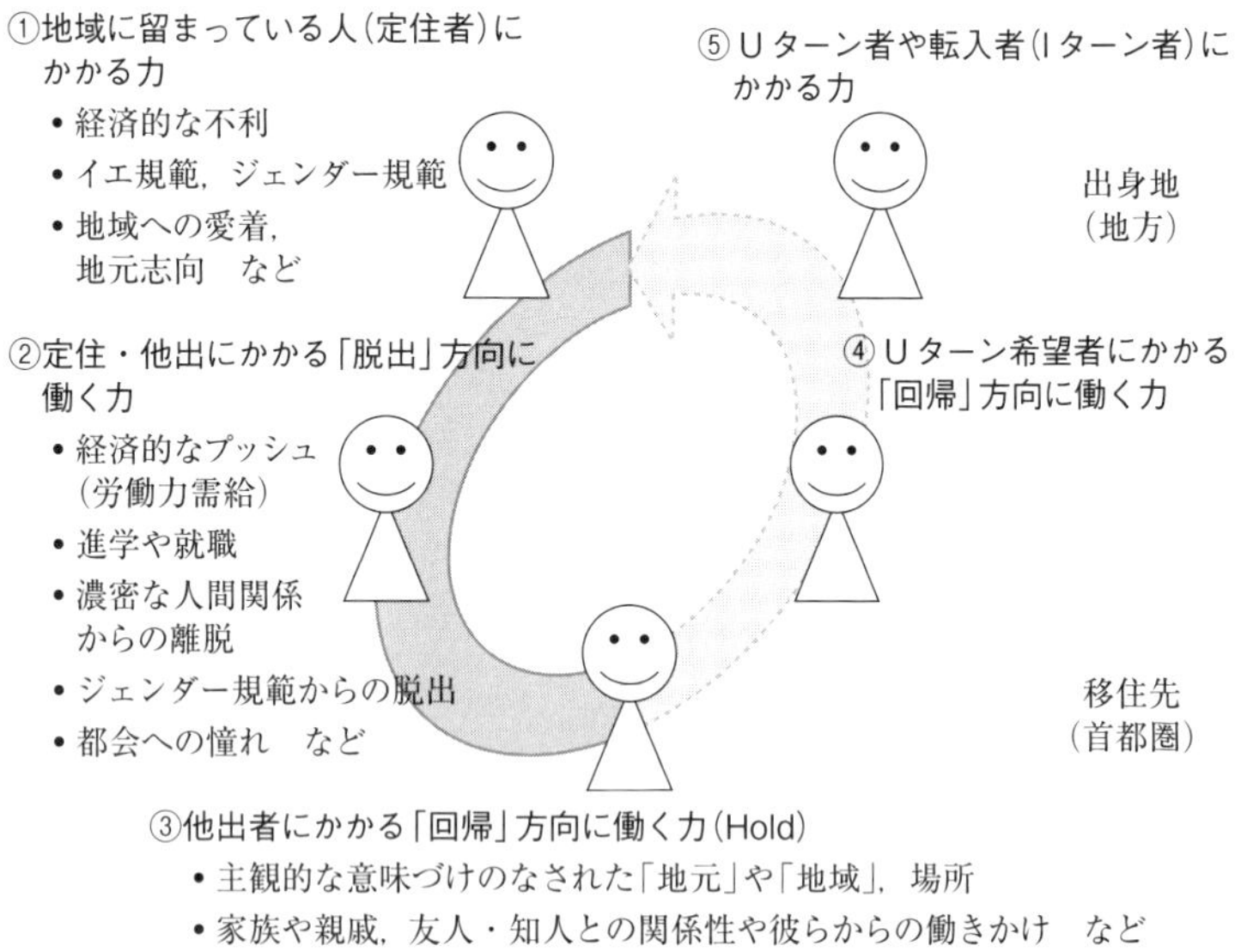

図 4-1　地方出身者や地方在住者にかかる諸力(イメージ)

志向といった形で、積極的に地域に留まったり地域活動に参加したりする力学が働いているがゆえに、人口減少や地域変容にさらされたとしても地域社会の維持・存続が期待できる側面として描くことができる。

他方で、地域に留まっている人々の中には、本来であればその地域から「脱出」したいと思っているにもかかわらず、経済的な状況や家族・地域の規範や関係性の中で不本意ながらも地方や「地元」に滞留しているというネガティブな側面もある。とりわけ現代において報じられることの多い、不安定雇用や経済的に厳しい状況にある地方の若者、過疎山村に暮らす交通弱者の独居老人においては、ホールドの力学が働いているがゆえに留まっているというよりは、社会経済的な条件が、その地域からの脱出を妨げている力学として強く働いている、と解釈されることが多い。

それゆえ第二に「定住・他出にかかる「（出身地からの）脱出」方向に働く力」がある。他出している段階で地域に留まっている者とは異なり、彼らは出身地域から脱出しようとしたり脱出せざるを得なかったりするような力学が働いている。それらを具体的にあげるならば、多くの過疎農山村研究が言及してきたような、地方・農山漁村には（就きたい）仕事がないといった経済的なプッシュ要因や、都会への憧れなどである。

とはいえ、こうして出身地から「脱出」してきた人にも、第三に「他出者にかかる「（出身地への）回帰」方向に働く力」がかかっている。彼らが出身地域から物理的に離れて暮らしているからといって、出身地域との関係性が途切れた状態で暮らしているわけではなく、多様な方法において関係性を保持・持続させている。それが他出者にとっては「地域を形成しそこに人を引き留め置く力」＝ホールドとして働いている。そこには地元にいる親族や友人・知人の力はもとより、思い出や記憶も作用する。一方で他出者がUターンしない要因として家族・親族がすでに住んでいなかったり、墓などの家産がなかったりすることがあるとされる（西野 二〇〇九）。この点も踏まえれば、他出者には何らかの「地域から脱出する方向に働く力」が途切れることなく作用し続けているという意味で、それがポジティブなものであれネガティブなものであれ、出身地域を離れていながらも「地域に引き留められる力」や「回帰しようとする力」とは不可分に暮らしているといえよう。

第四に「Uターン希望者にかかる「（出身地への）回帰」方向に働く力」を、第三のものと区別して挙げておこう。出身者の中には、他出先でただ単にホールドがかかっているというだけではなく、その力によって出身地域へと戻ろうと積極的に動く力も見られる。Uターンの希望があるということは、かつて出身地域からその人を押し出した経済的なプッシュ要因やそこを脱出したいという力、さらには首都圏での暮らしを続けていくという選択肢に対して、Uターンに向かわせる力が意味ある形で大きくなったためにUターンを考えるに至った、と考えなくてはならない。

Uターン移動については、若い世代ほどUターン者比率が多くなり、おおむね他出後一〇年以内にUターンの大半が完了することや、三〇代、遅くとも四〇歳という年齢がUターンの現実的な目安で、Uターン者の大半がUターン時点では未婚だといわれる(石倉 二〇〇九、山本努 二〇一七、国立社会保障・人口問題研究所 二〇一八など)。これはUターン希望者や地方出身の首都圏在住者に働く諸力学のバランスが、ライフサイクルやライフステージ、家族周期の転換に強く関係しているためと思われる。

第五に、今度はこうした「Uターン者や転入者(Iターン者)にかかる力」もある。例えば筆者の見た東京都檜原村《ひのはらむら》への女性移住者のある事例では、その地域の出身者ではないこの移住者に、そこに住むことによって「地域を形成しそこに人を引き留め置く力」=ホールドが顕現したり、新たにその家族や子どもにホールドがかかったり、またその女性移住者自身が家族や子どもたちのホールドとなったりといった、移住先の地域社会に包摂されていくような力学が見られた(成田 二〇一八)。新たな地域への定住が、出身地域とのホールド以上のホールドを形成していく場合があるということである。

他方で、移住者には「閉鎖的」とも感じられるような慣習や社会関係が立ち現われ、それが地域から脱出したいと思わせるような力学として働くこと(一度Uターンしたり転入したりした人々が「地域になじめなかった」「村八分にあった」などの理由で再び転出するというようなこと)もしばしば起きる。これらもその地域で住み続けるのが経済的に困難だったというような経済的なプッシュ要因や「東京のような大都市での暮らしの方がいい」といったようなプル要因よりは、「地域への参画を妨げるような力」や「地域から脱出しようとする力」が強く作用した結果といった方がより適切であろう。すなわち、ホールドは常に逆方向へも同時に働いているということである。

地域社会・コミュニティとホールド

ここまで、人々を支点に地域のホールドとそれに関連する社会力学について整理してきたが、地域社会の持続可能性とホールド力との関連についても述べておきたい。

ここでは、東京都八王子市郊外にある鑓水《やりみず》地区の事例を挙げておこう（成田 二〇二二）。鑓水地区は、旧由木《ゆぎ》村鑓水で、多摩丘陵の最東端、多摩川支流の大栗川の最上流にある山村である。一九七〇年代に始まるニュータウン開発によって、かつての山林や田畑、土地の一部は住宅地として開発・整備され、郊外住宅地となった。

だが、鑓水はニュータウン開発を契機に大量の新規住民が流入してもなお、主に旧住民と呼ばれる長く鑓水で暮らしてきた人々を中心に、新規住民を巻き込む形で「鑓水的なもの」＝ムラ的なものを残そうとした地域であった。その意味で、完全に郊外住宅地とはなり切れない地域ということができる。大量の新規住民の流入によって地域社会の成員や属性が入れ替わったり大幅に変化したりしてもなお、ムラとして残ろうとするような「地域を形成する力」としてのホールドが見られるといってよい。

こうした事例から見えてくることは、少なくとも現在、大なり小なり存立している地域社会には何らかの形で「地域を形成しそこに人を引き留め置く力」としてのホールドが働いており、その地域社会で暮らす社会経済的な条件さえ整えば、地域は人々をそこに引き留め置くものであるということである。

そして何より、過疎地域や人口減少地域において、このホールドがまさしく地域を存続させる力として働いてきた。「一〇年後には消える」といわれていた限界集落が他出者の日常的なサポートやUターンによって維持され、容易に消滅していないという事実(徳野 二〇一四、山下 二〇一二、小田切 二〇一四など)もこのことに関係する。

もちろん、ホールドが働いているからといって、地域社会からの人口流出や脱出させようとする力がゼロになるわけではない。各地域は先の①～⑤の力学の中にある。しかし何よりそこに、少なくともその地域に愛着を持って暮らし続けたいという人々がいることや、条件の不利を承知でUターンやIターンしてくる人々がいることが地域を存続させているのである。すなわち、ホールドは地域社会が持っている普遍的な力なのである。

たとえ出身地域を離れたとしても、実家＝生活拠点や拠り所は維持されており、またそこで暮らす人々との関わりは継続している。ホールド論は、地元に残り続けるという選択をしなかった人々であっても、いつでも彼らを受け入れてくれる存在があることを前提とする。そうであるがゆえに、たとえ現在の定住人口が少なく、客観的には過疎や消滅の危機にさらされているように見えても、ある意味それは見かけのことであり、常に回帰する人口がいるということを説明してくれる。実際に限界集落の発見(大野 一九八八)から三〇年経っても消滅に至らないのは、人々が回帰しているからであり、ホールドが働いているからだということができる。

では、この東日本大震災の津波・原発被災地や被災者においてもホールドは見られるのだろうか。復旧復興過程の中で生活拠点や拠り所が切り崩され喪失してしまったようにも見えるが、その中で当事者たちは何を見てきたのか。次節では、この点について検討する。

3　津波・原発被災地にみられる被災者へのホールド

震災復興と若者世代の地域への愛着・定着

第I部で批判的に検討してきたように、震災後に元の地域で暮らし続けていくことができたか否かには、良かれ悪しかれ、「復旧」「復興」プロセスの中で、地域における主流（多数）派あるいは行政が提示する復興に乗ることができたかどうかが大きく影響している。その意味で大谷海岸の事例（本書・第1章第4節）は、防潮堤建設の計画に対して、「砂浜がなくなったらこの地域が終わる」という住民の想いが大谷海岸という シンボルを残す取り組みという形で顕現し、結果として計画変更をもたらすほど地域集団の結束力・凝集性を高めて抵抗した事例とみることができる。

多大な苦労を積み重ねながらも、「いつでも帰ってこられる場所」として砂浜を残すことができたことに対し、この大谷海岸の事例を報告している三浦は「故郷を取り戻した実感」があると語った（本書・第6章、一四六頁参照）。文字通りシンボルをみんなで守り抜いたという大きな達成感と安堵が、ここから伝わってくる。と同時にそこには、震災等の影響で人々が地域を出て行かざるを得なくなっていく状況の中で、故郷のシンボルを維持することが、地域で暮らし続けているか否かを問わず、なおも一緒に地域を形成していこうとする力＝ホールドになることが示唆されている。

また富岡町の市村（本書・第1章第3節）は広域的・長期的な避難生活となっていることを振り返る中で、「避難当初は根無草だと思っていなかった。（一定の期間ののちに安全が確認されれば、富岡の自宅に）戻れるという可能性や思い込みは当然あった。それが（そうではないということが判明し）翻って怒りに変わった」と語った。この語りからは、原発災害前の地域には当然のように自身の生活拠点があり、それらも含めてホールドとしてあったこと、と同時に原発災害によってそれが根こぎにされてしまうことの「非現実感」、それゆえに「（怒っても取り戻すことはできないとわかっているが）そうすることでしか表現できない、怒らざるを得ない境遇」を見ることができる。

他方で、阿部が示す雄勝の事例（本書・第1章第2節）では、地域のホールドが、行政の復興計画を受け入れそれぞれに乗ることができる人々と、そうでない人々とに別々の形で機能したように映る。事実、「雄勝町の雄勝地区を考える会」で提案された多様な意見を包摂しようとする住民案は退けられ、行政の示す高台移転のみによる住宅再建が推し進められた。それを共有できない人々や意思決定に関わることができなかった若い世代は「地域（の意思決定）」から除外されることになった。

彼らは、自分たちがその地の出身者であり、地元に愛着をもち将来的には（戻ってきて）暮らし続けるものだと当然のように思っていた。にもかかわらず、地域から排除されてしまったために彼らは、「いつでも自分を受け入れてくれる、思い入れのある場所」としての地元が、「自分の知らない、受け入れてくれるかどうかわからない別の空間」へと大きく変容していく様を、傍から見ざるを得なかったのである。

そうした中で、いつかは戻ろうと思っていた若い世代も、「もう戻れる地元ではなくなった」と感じ、離れていきつつあるという。しかしながら、阿部がまさにそうであるように、そうだからといって若者たちは地元との縁を完全に断ち切ったり見放したりするのではなく、いまもなお、苦悩を抱えながらもなんとか関わろうと画策しているのである（これらの点については本書・第5章で詳述する）。この点は見逃されるべきではない。

なぜなら現在では、津波被災地域のみならず、多くの地方・地域社会において、地域づくりの担い手不足が課題となっており、こうした地域の運営や持続を考える上で関係人口は重要な存在として学術的にも政策的にも位置づけられるようになっているためである（総務省 二〇一八、田中 二〇二一）。阿部が提示する事例のような出身地に近居している若者たちを関係人口論的に捉えると、こうした若者たちは、幅広く想定される多様な関係人口像の中でも、地域づくりへの参画や段階的な定住者への移行を最も強く期待されている層だといえる。また、このような若い世代における地元への愛着の強さや定住・Uターン希望の高さは、被災した人々に特有のものではなく、二〇〇〇年代半ば以降、地方で指摘されてきた現象なのである[2]（李・石黒 二〇〇八、阿部 二〇一三、轡田 二〇一七）。

人々のライフコースや居住地の選択におけるホールド

他方で、「（若い世代であれば）誰でもいいから」移住・定住してもらおうとか、あるいは人口が増加している地域が「優れた取り組みをしている」地域だという見方には、気を付けなければならない。ここでは次の二点を指摘しておこう。

一つは、そのような形で移住・定住を希望する人々の受け入れや増加が、必ずしも当該地域社会にとって「望ましい」とは限らず、場合によっては地域を（望まない方向へと）変容させてしまう可能性があるという点である。より極端な例がまさに、市村の懸念したような原発被災地域の「危険自治体」化である（本書・第3章・注(21)、第6章、一七六頁参照）。

津波被災地域でも多くの外部ボランティアやNPOによる復興活動が行われているが、筆者（成田）は無論、そのような動きを否定しているわけではない。その活動範囲や影響力が小規模であり、活動者たちに地域の歴史や文化を尊重する様子が見られる場合には、移住者は歓迎されるべきものであろう。しかし、それらが欠けていたり軽視されていると感じられることがあったり、地域住民の活動や暮らしを無下にするような形で影響力を発揮するようなことが生じると、彼らの活動や取り組みは、（移住者や活動者本人の自覚の有無／善意悪意とは関係なく）地域住民や被災当事者にとって受け入れ難いものとなってしまう。「地域に溶け込んでいない」「津波被災地域や地域住民のための活動ではなく、東京やSNS空間向けの発信がメインで、自己実現のために震災復興が利用されている」ように映る活動は、時に「キラキラ系の活動（者・団体）」と揶揄《やゆ》される。それだけではなく、当該地域の地域住民の考え・方針とは違うにもかかわらず、広く発信されている（地域住民ではない）彼らの活動や思いがむしろ世間一般や国・行政機関には良いものとして受け取られてしまう危険性さえある（本書・第6章、一六六―一六七頁、一八五頁参照）。

出身者がUターンするのも、自己利益のために被災地を利用しようとして移住するのも、行政や国が躍起になって獲得しようとする「人口数」から見れば同一ではある。だが、やはり両者には明確な違いがあるといわねばならない。なぜなら、地域社会の未来を形づくっていく住民が、「雄勝」や「大谷」や「富岡」がどのような地域であるかを知ろうとし、[3]また住民たちにとってどのような地域であり続けることが望まれていたかを継承しようとするか否かによって、その行く末は変わるからである。富岡町のタウンミーティング（本書・第1章第3節参照）や「次世代継承事業　おせっぺとみおか」（本書・第5章第2節参照）はまさに、原発事故で空間的にも時間・世代的にも断絶しかねない状況の中で、なんとか地域の暮らしを紡いでいこうとする営みなのである。

もう一つは、地方移住（UIJターン）は条件さえ整えば短期間のうちに遂行されるように捉えられがちだが、実はそうではないという点である（成田　二〇二〇）。例えばいわゆる移住相談も、その内実は、単に各自治体の移住支援制度や住居、仕事に関する情報が提供されているのではなく、「最終的には移住先の住民との関係性を自分で築いていかなければならない」と移住希望者自身に自覚してもらうことが目指されているという。移住相談員がサポート役を担い、何度もやり取りが行われることで、曖昧だった相談者の移住に対する気持ちが整理されていく。それを踏まえて相談者自身が移住希望先の地域に赴き、そこでの暮らしの理解を試み、最終的に移住を実現する／断念するという検討・決断に至っていく。この一連のプロセスは、地方移住相談員が「人生相談」に似ていると語るように、単なる移住希望者と地域とのマッチングではなく、移住者自身の思いの整理や人生の決断を手伝うこと、いわば彼ら彼女らに対する社会的なカウンセリングのようなものである。

ここから以下の点が示唆される。すなわち、大都市圏居住者が地方に移住することは、移住希望者個人ならびに家族のライフコースの大きな転換である。それゆえ、自らが抱いた移住の動機と向き合い、自身の生活様式を変更していくことはもとより、彼らの家族や移住前後の地域の人間関係を長い期間をかけて調整・形成し、多様な課題を克服していくことが必要となるのである。そしてこのことは、津波・原発被災地からの避難・帰還・移住においてはより複雑でより過酷な選択を人々に迫るのであり、それゆえ容易に決断できるものではないことはいうまでもない。

4　復興におけるつなぐ力・戻る力・地域を戻す力の意義

本章では、「地域を形成しそこに人を引き留め置く力」としてのホールドに着目した。そしてある地域からの他出者が出身地域との関係性を存続し、さらには還流する可能性も含め、地域の潜在的な力として描き出すための論点整理を行ってきた。

ホールド論から災害研究へ

災害研究、特に復興コミュニティ論のような文脈において、「被災後に移動する人々と地域の関係」はこれまでの災害事象ではあまり注目されてこなかった。同様に、過疎論や移動論の文脈においても、移動する人々は都市への労働力移動として、経済・階層的な視点で論じられることが多かった。すなわち地域や生活様式と断絶し、不連続な中にあるものとして描かれてきた。

しかし、被災によって移動を強いられた当事者の社会心理や行動の論理を捉えるためには、東北地方の出稼ぎや「世代間の住み分け」などの議論、さらには限界集落論・地方消滅論への対抗軸としての「農山村存続論」(小田切 二〇一四)、「他出子＝修正拡大集落論」(徳野 二〇一四)のように、移動する人々と地域の存続の可能性を関連づける視点が必要不可欠である。

地域を離れた人のつながりと「戻る」可能性

都市から農山漁村への「移住相談」のプロセスが「人生相談」であったことが示すのは、移住政策というものは、金銭などの利益誘導で移住者を獲得しようとするような短絡的なやり方で成立するものではないということである。人は地域でどのように暮らすのかを決める際に、中長期的なスパンをもって、周囲の人間関係など複雑な要因を時間をかけて調整し、折り合いをつけてようやく移住という選択をする。家族との関係、子どもの成長、仕事など、様々な関係の中で生活が成り立っているだけに、一つの要因だけで移住という選択が導き出されるわけではないということである。逆に、津波被害・原発事故など直接的な災害因によって選択の余地もなく地域での暮らしが奪われることが、人生にどれほど大きな影響を与えているのかを政策立案者は適切に理解することが必要である。

農山漁村から都市への移動も、家族や友人、地域の人々が自分にとっての「ふるさと」を守り継いでいてくれるから他出できるという見方もできるし、若い世代やその家族が出身集落に通える距離にいることで集落自体も存続できているという見方もある(他出子＝修正拡大集落論)。過疎・移動研究におけるホールド論が示しているのは、地域が他出者＝潜在的還流者との多様な関係のうちに成り立っているということだけでなく、大規模災害が発生した場合はその多様な関係が避難を通じて壊れることがあるが、なおも人々は関係を続けようとするのであり、そしてその関係を正常に戻していくことこそが「復興」なのだということである。

このように考えると、第Ⅰ部で見てきた被災当事者の排除がなぜ問題なのかといえば、震災前の暮らしが「喪失」すること以上に、将来的な関係の持続再生の機会が失われ、「世代の継承」を断絶し、未来を奪うことになるからである。そして、このつなぐ力、戻る力、暮らしを戻す力こそが、本当は復興や地域の存続を決定的に左右する要素なのである。政治の決断や政策の立案の前に、この力のありかやその姿を各災害の現場に探り、つかむことが復興の大前提になるといわねばならない。

では災害による被害やその後の復興の中で、その被災地を、若者たちや次世代に継承する力や論理とは、どのようなものであるか。次章では我々が観察してきたいくつかの事例を見ていくことにしよう。そこから見えてくるのは、単に震災を機に地域を離れ、すべてを失ったということではなく、離れてもつながりを保持（ホールド）する若者たちの姿、戻ろうとする力、地域の暮らしや固有のローカル・アイデンティティを元通りに戻そうとする力の存在である。

第５章　故郷としての被災地に関わる
――富岡・南相馬・雄勝で被災した若者たちの現在

（１・５＝横山・成田，２＝市村，３＝横山，４＝阿部）

1　地域を継承する論理とは

本章では，第４章で見てきたホールド概念を手がかりに，被災を経験し一度は町を離れざるを得なかった若者たちが，地域の復興には関わることができない境遇になってもなお，何らかのつながりを保持し，人生をかけて被災した町との関わりを模索する姿を提示する。そこから，震災被害と復興の中で揺れ動く地域，あるいは奪われつつある地域を，人々が継承していくための論理を考えたい。

というのも，この次世代への継承が，災害復興や地域の存続を左右する決定的に重要な要素だからである。彼ら被災した若い人々の姿から見えてくることは，離れてもつながりを保持（ホールド）しようとする意思であり，帰ろうとする力，さらには地域を元通りに戻そうとする力の存在である。

そして，それらを捉えるためには，若者の人生（ライフコース）の中で，彼らと被災した地域の間にどのような関わりがあるのかを具体的に問う必要がある。というよりも，この議論においては，そもそも若者たちの被災経験を理解することが不可欠なのだ。

なぜなら第一に、第3章や第4章でも指摘したように、復興・創生の〝救世主〟としての若者像を根本から変える必要があるからである。多層的で深刻な地域課題を抱える被災地域では、「(復興の)希望の担い手」として、政府や県の移住促進政策ないし教育施策によって「迎え入れられた」若い世代の外部者や移住者が想定されている。だが、若者世代の被災当事者は大勢おり、救世主としての外部者・移住者に目を向ける前に、何よりもまず、彼ら・彼女らの視点からこの震災を見なければならない。当事者発の復興を論じるためには、地域で育ち、被災を経験した(救世主ではない普通の)若者たちが、被災後にめまぐるしく変わっていく地域とどのように関わり、その後の人生を形成したのか、さらには将来的な展望をどのようなものとして抱いているのかを知ることが重要なのである。

そして第二に、このような形で復興を被災当事者に引き戻すためには、当事者発の復興論を、過疎論・移動論の視点を応用して構築していくことが求められる。第4章で述べたように、離れてもつながりを保持するというあり方に、過疎や被災といった条件の不利な地域が存続する可能性が秘められている。若者個々人をつなぐ家族・友人・地域の人間関係は、そのライフコースの中でどのように構築されるのか。そこからさらに、若者への継承はどのように実現されていくのか。これらの問いに向き合うことを通じて、被災した地域の持続可能性を模索する必要がある。

本章では、三つの事例を示すことでこの問題について考えていく。

まず福島県双葉郡富岡町の事例である。市村高志らが立ち上げた「とみおか子ども未来ネットワーク(TCF)」の事業、「おせっぺとみおか　次世代継承聞き書きプロジェクト」では、富岡町からの避難を経験した若者たちが、高齢世代の町での暮らし、そして避難の実情を生活史の作品集としてまとめ上げる活動を行ってきた。若者たちは、町の暮らしが避難により断絶したため、「自分たちが継承していこうとするものが一体何であるかを理解することそのもの」の困難に直面する。計一六人の生活史を編む中で、町との関わり方や、ちょうどよい距離の保ち方を若者が模索していった姿を、ある一人の例に集約して提示する(第2節)。

次に、筆者(横山)が調査を行った福島県南相馬市原町《はらまち》区の研究を紹介する。この地区では、早期帰還区域と旧警戒区域(二〇キロメートル圏内)が存在し、町に残った者とそうでない者(若者・避難や移住)が混在する。中学二年生の時に被災し、地元の高校で出会った若者たちが、避難を続けながらも町の内外で友人としてつながり続け、家の生業(農業)の後継者としてのライフコースを模索する姿を、継続的な参与観察とインタビュー調査に基づいて提示する(第3節)。

最後に、宮城県石巻市雄勝町における阿部晃成の調査事例を紹介する。阿部は母校である雄勝小学校の卒業生(同期)に対して聞き取り調査を重ねている。その調査から、防潮堤建設と集団移転により町の外に出ざるを得なくなった状況の中で、町の外から中長期的なライフコースの形成を通じて、町に再びつながっていこうとする若者の様子を例示する(第4節)。

2　富岡町
――聞き書き作品づくりでの記憶の継承と町民アイデンティティの再構築へ

次世代継承の意義

「とみおか子ども未来ネットワーク(以下、ＴＣＦ)」によって実施された事業の中には、〝避難元の文化〟の継承と位置づけたものがある。それはタウンミーティングにおいて避難当事者の語りにあった「ありし日の富岡町」に着想を得て考案したものであった。原発災害によって全町避難となった富岡町では、除染作業や福島第一原発での廃炉作業が行われており、発災前の地域の姿は大きく変化しつつあった。さらにこれは長期化し現在も進行中である社会問題であることから、地域文化は「これまでにあったものの継承」的なものではなく、「これまでと違う形で生成しつつある」ものとも捉えることができる。民俗学者の赤坂憲雄に「地域文化が消えてしまう」と筆者(市村)が話した際、「そこで新たな文化、原発事故に起因した新たな文化が生まれてくるのは当然である」と回答されたことが印象的であった。

原発災害によって、発災前にそこで地域文化を形成していた人々の存在が見えなくなり、それが復興や廃炉、除染といった明確な目的を有した「避難当事者ではない人々」によって上書きされていくことが容易に想像された。タウンミーティングなどの活動でも度々話題にされたことであるが、これまでは地域社会の中において連綿と行われてきた継承というものが、原発事故によって途切れてしまうということに大きな虚無感や危機感を抱いていた。

広域避難となったことで、行政などからは「若者ほど帰ってこない」という印象を示されたこともある。

若者世代は、避難先の利便性やそこで蓄積される人間関係などから、避難元である富岡町に帰ってくることはないだろう、という認識である。

しかし、広域避難となった若者たちは、本当にそのような認識を持っていたのだろうか。県域を越えて避難をした若者に「福島に帰還したいか」と尋ねた際には、「住んでいた富岡町に戻れないなら、どこでも同じ」という回答が多く寄せられた。文化や背景の違う避難先で新しい人間関係を構築することの難しさは世代に関係なく同じである。また、こうした若者の語りからは、帰還する／しないという選択の意味を「利便性」だけで捉えることができないことを感じさせるのである。

震災復興では、世代間の葛藤や軋轢《あつれき》が発生するといわれる。世代によって人生設計が大きく異なることで、その復興に対する価値観に相違が生じ、発生するものであるといわれる。TCFの名称には「子ども」というキーワードがあるが、それは子どものためというだけではない。どの世代にあっても子どもの時期がある。その未来は世代間継承を見据えた交流にあり、地域文化の持続こそが大事なのだと捉えたかったのである。

世代間の軋轢や葛藤を解決する方法の一つとして発案されたのが、「次世代継承事業　おせっぺとみおか」であった。しかし問題は理解していても、その対処方法については皆目見当がつかなかった。TCFに協力してくれていた専門家や支援者から、「中抜き」や「ずらし」という方法を聞いた。接し合う世代が直接相対してしまうと、少なからぬ認識の齟齬や衝突が生じかねないため、その対象者の世代を多少ずらしておくことがよいという。そのため、高齢（祖父母）世代と若者・子ども（孫）世代に対象を絞って事業を考えることにした。その時、協力してくれていた事務スタッフから「聞き書き事業」の話を聞き、両方を組み合わせてこの事業を考案したのである。

東日本大震災では、「語り部」という手法で震災経験を継承するという事業が各地で行われている。震災遺構やアーカイブとして伝承することがベースにあり、それを補うソフト事業としての活動が語り部事業である。しかしTCFが行ったことは、これら公的な伝承事業と目的や方法の面で大きく異なっている。原発災害に見舞われた富岡町の社会的な認識は「原発事故のまち」というものになってしまい、富岡町という地域社会がすべて原発事故というイメージで塗り固められてしまう恐れがあった。ゆえに原発事故がなければ行われていたであろう、高齢者と若者の間で地域文化を継承するという活動を、避難先で行う活動として実施したのである。

つまり、「おせっぺとみおか」とは、町の年長者が同郷の子どもたちに、富岡町の歴史や自分が生まれ育った町の様子などを話し聞かせて教えてあげよう（おせっぺ）という取り組みであり、タウンミーティング事業の中で町民たちが語っていた「町での暮らしや文化＝原発・震災被災地の姿だけではない町の姿を次世代に伝えること」をねらいとした取り組みである。

「おせっぺとみおか」実施の課題

筆者は地域文化の継承は、家庭内や地域内で行われるコミュニケーションから自然と発生するものであると考えている。しかし、現実には広域避難によって家族間でも分離し、地域の人々は全国各地へと避難をしている。何より語り継がなければならない地域では避難指示が発出されているという状況の中で、どのようにそれらを実施できるかという根本的な課題を抱えながら事業を開始することとなった。

また、「聞き書き」を町民同士だけで実施することは困難で、事業には様々なサポートが必要であった。例えば、聞き書き事業を手掛ける人やメディア関係者、学芸員などに講師を依頼し、さらにインタビューや作品編集のサポートとして、社会学者や大学院生を配置する布陣で開始したのである。

しかし、地域の「聞き書き」という事業を進める方法を知り経験している人はいなかった。実際、「聞き書き」の手法について指導をしてくれた講師からは、「これまでは「仕事」を題材に実施してきたが、「地域」を題材にしたことはない」と言われ、特に震災の被害を受けた地域やその暮らしを題材とする本事業がうまく進められるのかという不安は大きかった。だが、「聞き書き」を通じて、若者たちが語り手の人生を作品・ストーリーとして完成させることで、最終的には富岡町で育ったという自分のアイデンティティを再確認することにもつながるのではないかと考え、事業の実施に踏み切ることができた。

事業は事故・避難から三年弱が経ち、状況が少し落ち着いてから始まった。年度の初めに参加者の募集が行われ、毎年三〜四人が聞き手として参加したが、その対象となる中学生・高校生は、原発事故当時は小学生や中学生だった子どもたちである。参加者は東京都八王子市の宿泊・研修施設「八王子セミナーハウス」で毎年二回の研修を行う[1]ということに加え、研修後も聞き手やサポーターが編集作業を行うというスケジュールで進めた。

これらを通じて、祖父母の世代が孫世代に語り、孫世代がそれを「聞き書き」し、一つの作品として仕上げる。作品は冊子にまとめられ、国会図書館や富岡町の図書館に寄贈された[2]。

事業では、語り手の高齢者世代と聞き手の若者世代を対象として参加募集を行ったが、高齢者世代は、筆者のこれまでの関係などから選択して依頼をする形（都内在住）とした。若者世代は参加募集チラシを富岡町の広報とともに配布し呼びかけた。しかし、若者世代が参加募集チラシを直接手に取ることは非常に稀であった。富岡町の広報は原則世帯主に送ることとなっており、申請しない限り個人には郵送されない。つまり、その家庭の世帯主からの情報がないと、目に触れることがない状態であった。しかし、他に手立てがない以上、この方法を軸に、筆者の子どもの協力も得て募集するほかになかった。このように事業は手探りの状態で実施された。

聞き書き作品と参加者の姿

【聞き書き作品の内容と特徴】

聞き書き作品の数々に共通していることは、震災前までの生活史が高度経済成長期前後（原発立地過程を含む）の地域変動のダイナミズムの中で語られていること（家の歴史、幼少期の体験、学生時代、就職、家族形成、地域活動など）、なかでも「あの日までの町での暮らし」が、作品の中に原体験として再構築されていることである。

ここで実際の聞き書き作品から紹介しよう。富岡町の七〇代のＩさんの話を一〇代のＳさん（以下、敬称略）が聞き書きしたものだ。

「自然に生き、自然を後世へ」（二〇一六年度作品集、語り手Ｉ、聞き手Ｓ）

①「自己紹介」　生まれ、住所、家族構成

②「農業の手伝いとおこづかい制」　農家に生まれた幼少期の原体験、遊び（釣り）

③「高校入学から大学受験」
④「就職のきっかけ」　時代的影響（「青田買い」）、役場勤めの傍ら農家の家を継ぐ
⑤「六〇歳で退職してから農業を再開」　有機栽培、自然農法、減農薬への試み
⑥「夢は……」　地元の農業のこれからを思う
⑦「避難の体験」　県外に転々と避難してきた経験
⑧「昔と今の、釣りに対する意味合いの変化」　幼少期と、避難先での釣りの意味合いの違い
⑨「ふるさとの土地に対する思い」

「つき詰めて考えると、土地とか家とか環境とかは、自分のものではないんだな、預かりものなんだ。〔中略〕自然というのか、生まれたところを次の世代に、上から悪いものを押し付けるのではなくて、できるだけいいものを受け継いであげたい。〔中略〕それが私の基本的な考えだけども、残念ながら少しずつ育ててやってきて、地域に根ざして、次に渡せるなって時にこの事故が起きたから。非常に挫折をしたわけだ〔後略〕」（二〇一六年度作品集、五二一—五三頁）

六〇〇〇字前後の一つの作品の中で、ほとんどの作品の八割以上が「震災前までの暮らし」のストーリーとして構成されており、原発事故後・広域避難後のストーリーは「失ったもの＝原発事故以前の暮らし」の意味を際立たせていることに大きな特徴がある。

【参加者の若者の姿】

富岡町出身の若者は、この作品づくりの過程で、同じ町で暮らしていた上の世代が文化や生業を守り継いできた震災前までの歴史に触れながら、広域避難によってそれが失われたことの意味と向き合うことになる。

この取り組みに参加してきた町出身の若者たちは、多くが原発事故前まではこの町で暮らすことについて漠然としか考えておらず、それはこのSに限った話ではない。だが、上の世代の語りを聞き、広域避難によって失ったものが何だったのかを認識し、その上で自身の今の状況と町の状況を考えた時、改めて町とどう向き合っていくか、どんな距離感の中で生きていくのかが見えていったようだ。Sの語りをみていこう。

聞き手S（平成一一年（一九九九年）生まれ、男性、佐賀県に避難（二〇一八年度を除き毎年参加））

「自然を愛し、自然を遺したい。だけど現実は厳しいことばかり。意気込みは伝わってくるのですが、同時に年齢や放射線濃度の問題によってそれができずもどかしい、悔しさも同時に入ってきました。これを文章に起こすことしかできない自分はなんて非力なんだと思った時期もありました。この感想文を書いている今も心の中にあります。非常に複雑な気持ちです。（中略）今はできなくても、帰還できるその日まで。聞いたことを記した本書を大事に保管しておこうと思っています。」（二〇一六年度作品集、五四頁）

座談会でのSの語り（二〇二一年八月）

「〔自分はなんて非力なんだという思いに対して〕今、その気持ちがより強くなった感じがしますね。そこから更に年が経って、年が経った割には〔復興が〕進んでいる様には見えないから、時間が足りてないっていうのもわかるなって思いましたね。〔中略〕避難先でコミュニティが作れなくて、深く関われる所がなかったから、自然と、かつて住んでた所に視線が向いたっていう感じですね。〔中略〕〔帰れないけど〕帰りたいなって思いは今でもあります。震災から時間が経って、家族とも富岡の事を話す時間が増えて、こういう繋がりがあったんだよって聞く機会ができたんですよね。〔中略〕実際に帰るってなると問題事が出てきてしまうので、行動できるかと言ったら、できないというのが正直な答えになってしまいますね。〔後略〕」（座談会の文字起こしデータより）

Sをはじめとする参加者の若者世代が語った町に対する複雑な思いは、町の人同士が記憶と経験を語る場があり、そこで聞き書き作品をつくり、さらには自分自身と向き合う中で、はじめて語ることができるようになったのである（帰りたいけど帰れない、震災前までに描いていた将来と現在の状況との距離、なんとかしたくても何もできない無力感など）。

「次世代継承」とは何だったのか――事業の意義

「おせっぺとみおか」という事業について、初回から参加している、このSの事例をもとに次世代継承の意義と効果と可能性について述べてみたい。

Ｓは発災時、小学校の高学年であった。本事業に参加する前は自分の避難体験や富岡町を紹介する壁新聞を作成し、学校で発表するなどしていたという。一見すると、子どもながらしっかり被災・避難体験を受け入れていたように見えるのだが、その思いの中で「富岡に戻る方法」についてはとても悩んでいたようだった。

そうした時に本事業を知り、応募したのである。応募資格は高校生以上と定めていたが、彼はまだ中学生だった。ＴＣＦとしては要項規定に合致しないので断ることも考えた。しかし、これまでのＳの経験やその思いを考慮し参加を認めた。Ｓは、富岡町民との対話を通して、帰還するための情報を得ることができると、子どもながらに考えていたのかもしれない。

一方で、この事業は帰還を促進するために実施されたものではなかった。行政の帰還政策の下では、本事業も帰還促進事業だと認められれば支援が受けられたかもしれないが、本事業はそれを目的としなかった。しかし、対象者の中には「(自分は)帰還を考えていないが参加できるのか」と問い合わせてくる人々が一定数存在した。当時、メディアなどで取り上げられていた事業は基本的に、帰還に向けた取り組みが大半であった。そのため、帰還するつもりはない(できない)と考えていた人々にとっては、このような活動や事業に参加できるという意識がそもそもなかったのだろうということも付け加えておきたい。

Ｓが避難した先では、同じ境遇の者との接点は家族以外にはなく、また、学生であったこともあり自由に連絡するための手段も有していなかった。ただ、Ｓは帰還したいという思いがあったため、避難元に関する事業に関心を持っていたという。Ｓは自分の感情を共有できる場や関係性をこの事業に求めたのであろう。さらに、Sは震災前から筆者を知っていたことも参加するきっかけになったと思われる。

「おせっぺとみおか」の活動の意義は、高齢世代から若者世代へと暮らしとその記憶を継承する、いわば世代間交流を可能にすることであった。それは、避難先で同じ町の避難者同士が集まる場、コミュニティをつくり、「聞き書き」を通じて行われたのである。「聞き書き」には、暮らしや文化を「語り」として残していくことで、事故・広域避難によって失われたものを可視化・再構築し、町の人同士で共有するという重要な意味合いが込められていた。同じ世代同士ではなく、「後世に残す」という意味で世代間での継承の試みとして実践された。

この「聞き書き」事業から示唆されるのは、広域避難によって失ったものは何か、という問いに対する答えが、震災前までの人生経験を掘り起こした上で初めて可能になるということである。震災前までの生活経験が高齢世代と比べて浅い若者世代にとって、ここで得られたものは「復興」の物語や「教訓」ではなく、震災前までの歴史や、原発事故で「失ったもの」を認識する作業だったのではないだろうか。このことは、当事者（避難者）への社会の「不理解」があり、それに対して支援者・外部者・メディアに「被害の語りづらさ」への理解を深める必要性を示唆している。

避難者・被災者が語りうる条件、声を出すことができる条件とは何だろうか。少なくとも、町民-メディアや外部者を相手とするのではなく、町民同士のつながりの中で語り合えることが必要だったのである。語り合える場やそのつながりが、離れ離れになった町の若者たちを不安な将来に対する拠り所としてつなぎ止めたのである。

その上でさらに派生する問いは、こうした経験、すなわち記憶を記録する意義とは何かである。それは少なくとも、単なる「教訓」のようなものではない何かであろう。原発立地という問題、または原発そのものについての根源的な問いを含むものではないか[3]。

3　南相馬市原町区――若者の被災・避難と農家生活の継承

本節で焦点を当てる若者は、中学二年生の時に南相馬市原町区で二〇キロメートル圏内からの避難を経験したNさん（以下、敬称略）、現在二六歳の男性である。

筆者（横山）がNと出会ったのは、二〇一三年の支援活動の場面である。その時、Nは高校生（相馬農業高校）であった。さらにNと友人たちの大学進学（二〇一五年）がきっかけとなり、筆者がいた東京や現地（原町区）で調査を開始した。Nとともにその高校の同級生、計六名に対して、そのライフコースから彼らの家族の震災前後の生活史、被災・避難経験、家族の避難元の地域の変容へと調査を拡げてきた。調査は二〇一五年（筆者の大学卒業論文）、二〇一七年（修士論文）、二〇一九年（博士論文）に特に集中的に行った。

Nは原町区の農村部の、農家の長男として育った。家族は祖父、母とN、妹が同居していた。震災後の営農は行っておらず、祖父・母ともに働きに出てはいない。彼は一九九七年に市外で生まれ、母の離婚がきっかけで原町の母方の家に戻ることになったのである。Nは、兼業農家として働く祖父の姿を見て、時に農作業の手伝いをしながら育った。家に愛着も持っていたため、将来は「家を継いで農業をするのだろう」というビジョンを漠然と描いていた。

被災と避難

【中学生時(3・11直後)】

二〇一一年三月一一日、Nとその友人たちは中学二年の時、被災し、避難を経験する。その後のライフコースは、地域における復旧・復興過程と関連している。政府および自治体はまず二〇キロメートル圏外の都市部において、様々な避難指示の発出とともに早期帰還と地域での生活再開に向けた取り組みを始めた。一方で、二〇キロメートル圏内および農村部の汚染地域では復旧は進まず、避難が長期化した。そうした中で彼らは、市内での学校再開に伴い自宅に帰還したり、あるいは避難先での学校生活を余儀なくされたのである。

【震災前までの生活史】

Nの祖父は、高校卒業後から稲作中心の兼業農家を営んできた。稲作のみでは生計を立てられないため、農協や自身が所有するダンプ車による運送業などを兼業してきた。家の営農は震災前まで続けていたが、長男(Nの叔父)は後を継がず他出した。その中で祖父は、兼業先を変えつつ、時には、牛や鳩、鶏を飼い収入源を多元化することで家計を維持してきた。家業の継承という点では、長男への継承は実現しなかったものの、祖父自身はまだ若く体調も良かったため、今後も兼業農家としての生活を続けられる見通しがあった。また娘の長男であるNへの家業・家産の継承も念頭に置いて生活を維持してきたのである。

【避難所から温泉施設、そして仮設住宅への避難】

震災発生時は、祖父、N、妹の三人で自宅にいた。自宅が原発から二〇キロメートル圏内にあり、その後避難指示が出た。しかし母は病院での勤務中で、患者の面倒を見るために仕事場に残る必要があった。家にいた三人は最初、中学校に避難した。家族がみな揃ったのは、三月一三日か一四日だった。中学校にいた時は、地区ごとに住民が集まるようになっていたようだが、Nの家族はなぜか隣の地区のところに入れられてしまった。避難所の生活は厳しく、皆風呂に入れない状態が続いていた。

五月頃、新たに避難所を移らざるを得なくなった。そこからは、県内の温泉施設に避難した。ダンプ車に、家族を乗せた軽自動車と必要な荷物を積んで、なんとか避難した。そこには三カ月いたが、Nが中学校に再び通うため、避難場所を市内の仮設住宅に移した。

それからNは高校を卒業して東京へ他出するまでの五年近く、仮設住宅で暮らすことになった。仮設住宅は家と比べて大変狭く、苦痛が伴った。市内に帰ってきてから入居した仮設住宅は原町区内にあり、そこから鹿島区にあった中学校のサテライト校舎に通学した。避難生活中は、震災前とは違って出来合いのものを買って食べることが多くなった。また、薄い壁一枚のみで隔てられた住宅環境では、近隣トラブルに巻き込まれることがしばしばあった。転々とする避難生活は生活環境の変化を伴い、そのストレスから心を病んでしまう人が周囲には多かったといい、母や妹もその中の一人であったという。

【被災経験が意味したもの】

Nの被災経験を特徴づけるのは、何よりも仮設住宅での生活に伴う苦痛、特に母や妹の心身の状態が悪化したことにあり、こうした生活環境の変化が何年も続くことが予見されていたことだった。その根本的な原因は原発事故や避難に伴うものであるが、何より将来の生活に対する不安が大きかったという。仮設住宅での生活は苦労が大きく、Nの語りの大半を占めていた。

避難が続く中での進路選択

【高校への進学と仲間との出会い】

Nが高校卒業以降の進路選択とどのように向き合っていったのかを描いていく。Nは二〇一二年に高校に進学した。筆者が調査対象とした六名はNを含む、この時の高校生たちである。中学二年で被災した彼らは、高校で出会い、やがて「悪ガキ」仲間として付き合うようになった。

この頃、二〇キロメートル圏内の避難指示解除に向けた復旧・復興事業が加速し、二〇キロメートル圏外の都市部(原町の市街地や郊外)を中心に地域は目まぐるしく変化していった。一方、二〇キロメートル圏内や農村部では、なおも避難や汚染に伴う被害が続いていた。そうした中で、彼らの進路選択は行われた。

【高校から大学への進学】

二〇一五年の冬、高校卒業も間近となったNとその家族は、仮設住宅での生活を続けていた。そうした中で、「帰還に向けた準備宿泊期間」が始まり、より頻繁に自宅に通うようになった。しかし、裏山や田の除染は進まず、除染が終わったとしても山で採れたものは食べられなかった。米は買って食べるようになったため、自分でつくろうという祖父の気力も低下してしまった。祖父は自宅に頻繁に通えるようになってからは、田の草刈り、家の修繕や部屋の掃除、ゴミの片づけを続けた。ゴミは最初ダンプ車で一〇台分くらいあったというが、片づけはなかなか進まなかった。この頃から、母や妹だけでなく、祖父の体調も悪くなっていった。

Nは当初、卒業後は地元就職の道を考えており、実家で家族と暮らすつもりだった。住んでいた地区の避難指示は解除されておらず、未だに家族は仮設住宅での生活を強いられており、家族が心配だったことから、進学で家を離れてしまうことには後ろめたさがあった。しかし、最終的には家族や教員に背中を押され、進学を決めたのである。

【進路選択の中で生まれた葛藤と「判断の留保」】

祖父が営んできた家の農業の再開の見通しが立たなかっただけでなく、家族それぞれに体調が悪く、地震被害や獣害で荒れた実家が(人手が足りない影響もあり)なかなか片づかなかった。仮設住宅を出ていくことも難しかったが、避難指示が解除されれば住宅供与の期限が来ることはわかっていたため、いつかはそこを出る必要があることも自覚せざるを得なかった。そうした中で、高校卒業後に地元で働き家族とともに暮らすという選択は難しく、かといって離れてしまっては家族が心配だという葛藤があった。もし仮に残って試行錯誤したとしても、それで家族を支えられるわけではないとも感じていた。

一方で、避難指示はまだ解除されていなかったため、今すぐに仮設住宅を出る必要まではなかった。加えて、高卒者の地元での仕事は特定の業種に限られるので、大学を卒業してから地元に帰った方が就職には有利に働くことが、ある程度期待できた。そのため、農業関係を学んでそれに近い仕事ができる可能性を残しておけば、家族にも自分にも良いのではないかと考えたのである。これらの背景から、直ちに何かが解決するというわけではないものの、大学進学による数年間の「判断の留保」をすることによって、避難を継続しつつ自分や家族に少なくとも不利にはならないような選択を探っていたということができる。

Nは東京の農業系の大学に進学したものの、祖父が心身の不調を抱えているだけでなく、母も震災後働きに出ることができず、営農を再開する見通しもまったく立たない状態が続いていた。そのため貯金を取り崩しながらやり過ごしていくしかなかった。母は被災した後も病院勤務を続けていたが、二〇一三年くらいからうつ病になり、勤務を休まざるを得なくなったのである。母の体調は、仮設住宅での暮らしが長引くほどますます悪化していった。

そうしたことが背景にあり、彼は大学卒業後の進路については、地元に帰ることだけは決めていた。彼は当初、県や市役所の農業関係の職に就職するか農業高校の教員になることを考えていた。しかし、市役所にはポストがあまりなく、県庁への就職は試験が厳しい。農業高校は県内に数が少ない分、異動した時に通勤などで移動する距離が長くなり、地元を離れることなどもあるので、「家族と暮らす」という条件が崩れてしまう心配があるのが彼の大きな悩みどころであった。

その後の人生とつながりの模索

【大学在学中の避難指示解除】

Nの大学進学後、二〇一六年七月に、二〇キロメートル圏内の避難指示解除が行われた。それに伴い仮設住宅の供与期限が示され、避難住民は帰るか／帰らないかの選択を本格的に迫られることになった。二

○キロメートル圏外の都市部においては除染やインフラ関連の復旧事業が一通り終わり、それと同時に、沿岸部において「イノベ」(本書・第2章・注(3)参照)に伴う誘致と開発が進められていった。二〇キロメートル圏内の農村部(Nの家とその地区)では、一部の担い手による営農再開と規模拡大のための圃場《ほじょう》整備が推進・実行される一方で、約半数の世帯は避難を続け不安定な生活が継続し、また戻った家でも大半の農家で営農再開は困難な状況にあった。

【祖父が続ける農地や農機具など家産の維持管理】

仮設住宅の期限が切れるタイミングで、Nの家族は七年以上の避難ののちに帰還した(二〇一八年)。そしてNの妹は、兄と同じ相馬農業高校を卒業し、県内の大学に一人暮らしをしながら通うようになった。妹も家に度々帰ってきては、家事だけでなく、家の土地の草刈りなどを少しずつ手伝うようになった。これまで長い間、仮設住宅と家の二カ所で暮らしてきたが、家の仕事のほとんどに祖父が責任を負い、家事全般だけでなく農地や農機具の維持管理を慌ただしく続けてきた。それは、いずれNの世代が将来的に営農できるようになった時のために残しておきたいという祖父の願いからであった。

【家族の農業を考える】

そうした中で、当時在学中のNは、「自分の世代で営農を本格的に再開するという選択肢はないのではないかと祖父からは言われるが、家の土地が維持されているなら、自給自足的にでも続けられれば」と語った。ここで何より重要だったのは、彼にとって、あくまで農業は「自分の家の農地」でやるものだという考え方だった。

これに対し、市内の農村地域では農地の基盤整備事業が、営農を再開した農地を面的に拡大していくための施策の一環として進められるようになった。これには特に、農業復興や帰還後（避難指示解除後）の環境整備の促進という政策枠組み（福島再生加速化交付金、帰還・移住等環境整備事業）の中で、営農再開の意向がある人々を担い手（生産組織）として法人化し、経営規模を拡大していくという目的がある。そのため地域では、この事業への参画をめぐって農地の基盤整備や法人化の是非、そして担い手となるかどうかの意向調整が行われるようになった。

そのため各農家は、避難など様々な理由から営農を休止し再開を留保していた状態から、担い手（法人）に加わることで営農を再開するか、当面の営農を諦めて農地を法人に貸し出すかの決断を迫られることとなった。

この地域では一部の担い手が法人として営農を再開し他の家の農地を借りて経営していくことになり、震災前までの兼業・家族経営の地域農業のあり方が大きく転換させられた。Nや祖父にとってこのことは、避難を続けていたり営農を休止・留保していたりする状態を否定されたようにも感じられた。


「前から途切れかけっていうのはあるけど、少しずつでも継承してきたわけでしょ。どんどんなんかね、田んぼが個人の物じゃなくなってる感じがする。なんか企業が参入するとか、集約化されたりとか……継承っていうか、わからないけど、田んぼって（本当は）自分の家の土地じゃん」

そうした意味でも、家の農業、農地が代々継承されてきたことに対する重み、その難しさを感じるのだという。また、これまで祖父が兼業で農業を続けてきたこと、家族の生活を守ってきた過程を振り返って、それがいかに大きな意味をもっているのかも語った。

「続けるのって難しいなって思うんですよね。じいちゃんは続けていて、じいちゃんの意思を表してるっていうか。一人でこの家を守んなきゃいけないっていう。長男が家を守るっていう。これまでは結局、守るのは、じいちゃんだったんですよ」

Nは二〇一九年に大学を卒業し、数年間は任期付きで出身の相馬農業高校や県内の農業高校の教員として働き始めたが、忙しさから家のことはやはり祖父が中心になった。母はその後も働きに出られていないため、家計は貯金とNの勤めでなんとかやっていくほかない状況が続いた。また家事は、Nや妹が手伝いながら、体調不良を抱えた祖父が中心となって続けてきたのである。

【母親との死別とその後の歩み】

そして二〇二一年の秋、Nや家族にとって、また友人たちにとってもつらい出来事があったことについて述べなければならない。Nの母が亡くなったのである。

母は実際、仮設住宅の供与期限が切れる前後くらいから、うつ病と併発した病によって入退院を繰り返しており、なかなか体調は回復しないままだった。それでも、Nや妹が大学を卒業してから地元に残り、家族で生活していく見通しが立ってからは、少しは体調が改善する時もあったという。友人たちも、Nの母とは家に訪れた際によく話す間柄であった。特に友人のYは、時に悩み事を聞いてもらうなど親しくしてもらっていたといい、YはNの妹が進路選択に迷った時も親身に相談に乗るなど、家族ぐるみの付き合いだった。薬の副作用か何か原因はわからないが、震災後に体調が完全に回復することはなかった。

この時はコロナ禍ということもあり、葬儀は親族や近しい人のみで行われた。筆者もYから連絡を受け、葬儀に参列したのだが、あまりに突然のことに茫然自失とならざるを得なかった。Nの祖父から電話を受けたYから、原町やその周辺にいた友人たちに加えて高校時代に特に仲良くしていた者数名にも連絡が入った。連絡を受けた友人たちはみな葬儀にかけつけた。

Nはその後、教員採用試験に合格し正規採用になった。とはいえ、これまでと同様に県内を転々とする状況が続いている。一方で、実家から離れている今もなお、度々帰ってきては草刈りなど祖父の手伝いを続けている。また、妹は大学卒業後に家に帰り、地元で働きながら祖父と二人で生活するようになった。

強制避難を迫られた農家の長男の若者と、彼を地域につなぎ止めるもの

Nの家の農業は二〇二三年現在、未だに再開できておらず、Nはこの状況は続くものと認識している。しかし営農が再開できないことと、農家としての生活を完全に捨て去ってしまうことは、Nや家族にとっては別のことであった。なかでも祖父にとって大切なことは、家産を維持し続けて次の世代に受け継ぐことであり、これこそが家族の生活にとって必要なものだという。その継承をNが本当にできるかどうかが、Nや家族にとっての重要な問題であり続けた。

Nにとっては、家族で営んできた農業、そして家での暮らしというものは、代替不可能な、この地域にしかないものである。そうした暮らしを祖父がなんとか維持しようとしてきたのを見ていたNもまた、家族や自身が抱える困難と向き合い、原発災害という状況を乗り切るための最適な解を、悩みながらも模索し続けたのである。親や祖父母の世代がこうした暮らしを維持し、それを子ども・若者の世代が継承していこうとすることこそが、復興の本来のあり方であり、それを支えるものこそが、本当の復興政策、復興支援なのではないだろうか。

4　雄勝町――雄勝小学校を卒業した若者のその後

Uターン希望の同級生の話をきっかけに――研究の始まり

第1章第2節で述べたように筆者(阿部)は雄勝町で生まれ育ち、震災時も町内で暮らしていた。津波で一晩の漂流を経験した後は、住居を町外に移しながらも、町の若者として復興まちづくりに関わってきた。復興まちづくり協議会や復興を考える住民組織の設立・運営といった復興まちづくりへの参画、町が持つ地域資源を活かした漁業・林業による社会的起業、そしてそれらすべての失敗を経て、研究者として復興について調査研究するに至った。また、そうした活動の間に、東日本大震災の復興における問題を、メディアを通して訴えてきた。

震災から一〇年が経過し、復興事業もおおよそ完了した時期に、震災以前に雄勝町を離れて生活していた小学校時代の同級生から筆者のもとに連絡があった。彼曰く、「震災復興が終わったと聞いて、今さらだけど実家に戻って雄勝に関わりたいと思っている。そのために雄勝の現状を教えてほしい」。

その連絡をきっかけに同級生との対話を重ねる中で、彼が思いつきで雄勝に戻ろうとしているのではないことを知った。筆者へ連絡する以前から数年にわたり故郷である雄勝町への想いをあたため続け、転職の際には「将来、雄勝で役に立てるような技能を身につけられること」などを条件にしていたのだった。そして、震災が起きた時に町内にいなかったことによる〝後ろめたさ〟や、出身者の自分の意見や想いとは関係なしに復興事業で変貌し続ける町の様子を見て、「復興が終わらないと町には戻れない」と考えてきたことを知った。震災の時も町に住み、被災した後は復興に関わり、そして排除された筆者とは一見違うようでどこか似ている苦悩が彼にはあった。そうした苦悩を感じながらも、自らの人生を故郷と重ねられるよう努力し、より良い故郷をつくろうと準備を続けてきた彼もまた、復興の当事者なのだ。

こうした経験から、自らの同級生を対象に調査することで、震災時に雄勝町に住んでいた人々だけでなく、町外に住んでいた人々を含めて考える枠組みをつくることにした。これが「当事者研究」の始まりとなった。本節では、出身者のAさん(以下、敬称略)の事例から、震災とその後の復興が出身者たちにどのような影響を与えたのかを考えてみたい。

Aの被災経験とその後

【出生から東日本大震災以前までの生活史――雄勝からの転出】

Aは一九八八年に雄勝町の父の実家で長男として生まれ育った。父は町内の土木会社に勤務しており、それで生計を立てていた。雄勝中学校卒業後は石巻市内の高校に進学、下宿ではなく通学バスを利用し、実家から通っていた。子ども時代の雄勝町との関わりは、子ども会を通じて伝統芸能である獅子舞の和太鼓奏者を務めるなど、雄勝町の子どもにとって一般的なあり方だった。しかし、思いとしては特に雄勝を意識することはなかったという。

高校卒業後は東松島市で観光業に従事した。その際に雄勝町の実家から離れて、東松島市にあった社員寮に入り、一人暮らしを始めた。就職の翌年には、職場で出会った彼女と同棲するために社員寮を出て、塩竈《しおがま》市の賃貸アパートを借りて生活することとなった。高校卒業後の雄勝町の関わりはほぼなく、夏も雄勝町内の祭りでなく、石巻市内の川開きに参加していた。Aが就職先に東松島市を選んだ理由は、一人暮らしへの憧れと、父親との関係から実家を出たいと考えていたからであった。

「雄勝を出たいと思ったっていうよりも、実家の、というより父親との関係だよね。もちろん、一人暮らしをしてみたかったのもあるけど。夏祭りも雄勝の夏祭りじゃなくて、石巻の川開きだったしなぁ」

【震災による被害の影響と直後の行動】

震災当時、Aは東松島市の職場にいた。地震の揺れが収まってくると同時に宿泊客の避難をはじめとした災害対応を行った。幸いなことに津波も職場まで到達することはなかった。塩竈市に借りていた賃貸アパートも地震の揺れの被害のみで、住み続けることは可能だった。一方、雄勝にある実家は流されてしまった。

震災はＡの生命と住居に大した被害をもたらさなかった一方、津波の来なかった職場・業界に対して壊滅的な影響を与えた。津波被害と原発事故により、被災地の観光業には甚大な損害が及んだ。その影響から、同棲中の彼女を含む同僚全員が退職する運びとなり、Ａ自身も二〇一一年六月に職を失うこととなった。

退職の際に得た退職金について、「実家が大変だから」と全額実家に渡したところ、彼女とけんかになってしまった。再就職先はすぐに見つかり、翌月から仙台市の自動車用品店に勤めることとなる。

こうした震災経験をＡは、自らも職を失うという状況になったにもかかわらず、「津波を見てないから、自分のことを被災者と言いたくない。体験の度合いが違いすぎる」と、津波に追われ命からがら助かった人の体験と比べながら表現する。

【Ａの実家の被害】

先述のように、雄勝町のＡの実家は津波によって完全に流失した。だが、幸いなことに家族に犠牲者はいなかった。実家の家族は、被災後の数度にわたる移動と避難の中で、Ａの塩竈市の賃貸アパートにも一週間ほど身を寄せたのち、雄勝町から離れ石巻市内の民間賃貸で仮暮らしを始めた。父は転職などはせず、壊滅的な被害を受けた町の復旧・復興事業に携わっていくこととなる。

その後一年間の民間賃貸での生活を経て、実家は二〇一二年に石巻市内に住宅再建を果たした。これは復興事業による集団移転ではなく、被災世帯単独での内陸移転による自力住宅再建であった。

【震災後①——迷いと関わりの模索】

その後Aは震災翌年の二〇一二年、同棲していた彼女と結婚し、実家とは別に新たに世帯を持つこととなったが、二〇一五年に離婚することとなった。「家族、友人、自分。これから何を大事にするか、本気で考え始めたよね」と語ったように、別居生活をしていた二〇一四年あたりから、二〇代半ばで独り身に戻ったあとの生き方を真剣に考え始めたという。

この離婚を契機に職場に近い仙台市の賃貸アパートに引越をし、新たに一人暮らしを始めた。引越をする時、実家の父から「（石巻市内に内陸移転した）実家に帰ってきてもいいんだぞ」と声をかけられた。仕事は職場で昇格するなど順調ではあったが、親会社が買収によって頻繁に移り変わり、経営方針も二転三転することなどに嫌気がさしていた。そうしたこともあり、「今の仕事を辞めるなら、（雄勝に）戻るかな」と強く悩むことになる。これがAにとって、雄勝町に関わることを意識し始めるきっかけだったという。

こうした経験をしていた二〇一二年から一七年の間の雄勝との関わりは、高卒で就職して以降、震災の年までの、通うこともほぼないかつての状態から、少しずつ変わっていった。二〇一二年の復興夏祭りに参加し、また趣味として始めた釣りをする場としても高校時代の友人とともに雄勝町に通うようになっていた。そうして、瓦礫の撤去が進みつつも、復興が目に見える形で現れない雄勝町をその目で観察し続けることになった。

【震災後②——転職と雄勝への通い】

二〇一八年には震災後から七年間勤めた自動車用品店を退職し、同じく仙台市内のアウトドア用品店に転職した。その転職理由を、「いずれ実家にUターンして雄勝町に関わる時に、何か役に立つスキルやノウハウを身につけられそうだったから」と語る。そうして趣味の釣りが仕事上のスキルにつながることもあり、高校時代の友人とともに以前にも増して足繁く雄勝町に通うようになっていった。

そして二〇二一年三月、ついに震災から一〇年という節目のタイミングで実家へのUターンと、雄勝町内での就職を決意する。親しくしていた高校時代の友人が結婚することが決まり、これまでのように一緒に朝まで釣りをしたりすることができなくなっていたからというのが理由の一つだ。さらに、二〇二一年に入ってから、周囲からの「震災一〇年で復興は終わりだ！　復興終了！」という声を聞き、「復興が終わったのなら、もう関わってもいいよね」と思えたからだという。

雄勝町への想いは決意へと変わり、偶然テレビで雄勝町の復興を語る筆者を見て、十数年ぶりにSNSで連絡をしてきたり、自ら雄勝町での釣りを中心としたSNSアカウントを立ち上げたりと、様々な行動につながっていった。

その中で、その後の新たな雄勝町への関わり方に一番大きな影響を与えた出来事が、雄勝町のとある宿泊施設への転職活動の最中に起きた。就職活動そのものは運営団体との面接や交渉が問題なく進み、順調だった。しかし結局、この転職は叶わなかった。実家へUターンを願い出た際に、併せて転職活動の話をしたところ、父から「あんな復興支援をかだって(騙って)金を集めてるような、まともな仕事じゃない所に勤めるのは許さない！」と反対されたためだった。これを受けたAのショックは大きく、その日の実家からの帰り道、涙ながらに「このまま消えようかな」と思ったほどだった。

【震災後③――二度目の転職と町外に移った実家へのUターン、雄勝とのつながりを模索】

その後、実家の母の働きかけや、筆者との交流の中で別の道はないかと考え、「復興支援を前面に押し出していない、しかし、雄勝町にも関われるような仕事」として、石巻市内の一般社団法人に転職することとなった。二〇二一年一〇月にアウトドア用品店を退職、併せて仙台市の賃貸アパートも引き払った。そして一一月からその新しい職場で働き始めた。住居も二〇〇七年に転出して以来、雄勝町内から石巻市内に住所を移した実家への、一四年ぶりのUターンとなった。

将来については、まだ実家に戻ってきて就職したばかりなのであまり考えられないと言いつつも、雄勝で何かしたいとは思っていると語る。ただ、転職活動時の父親からの反対の言葉を思い出すと、「雄勝に関わるのはすげーハードルが高いのがわかったから慎重にやらないとね」と語った。

地元とのつながりを促進する要因、疎外する要因

これまで見てきたように、雄勝小学校出身のAがライフコースを形成する過程の初期（幼少期〜中学卒業まで）においては、子ども会などの地域社会を通じて、伝統芸能である獅子舞などの地域行事に和太鼓奏者として参加していることなどから、雄勝町との実際的な関係性は相当程度あったといえる。しかし、雄勝町への想いは特に意識されることのない無意識的なあり方であった。

ところが高校卒業後の進路選択になると、無意識だった雄勝町への想いは明確になったが、それは家族や親戚などから感じた居心地の悪さから生まれた、町への忌避感・嫌悪感といった想いであった。その忌避感・嫌悪感は雄勝町からの転出につながる居住地と職業の選択を促した。この転出時期においては、実

家への帰省など一人暮らし生活では日常的ともいえる実家を通じた町への関与すらも、ほとんど行わない状態になっていた。それは関係人口化というよりも無関係人口化ともいえる関係性になったとさえいえる。

筆者が行った調査の事例では、こうした雄勝町への想いが、この時のAと同じく雄勝町から離れ、転出することを促す要因として機能する者がいる一方で、戻ろうとする、もしくは関わりを持ったり、深めたりする方向で作用する事例もあった。Aの事例では、自らの離婚という苦しい家族生活の経験の中で、忌避感を持っていたはずの実家からもUターンの誘いがあり、結果として雄勝町への想いを忌避感から関与への意欲に裏返させることにつながっている。そうして裏返った雄勝町への想いは、転職の際の職業選択に影響を与え、実家へのUターンと同時に雄勝町に関われる仕事に転職する形で実現することとなった。

加えて見えてくるのは、震災の復興過程が町との関係性を遠ざける要因になっていたことだ。Aは震災から一〇年目に「復興が終わったから」と雄勝町内への転職、つまりは再関与に向けて行動を起こしている。

いずれにしても、震災以前の過去から、震災を通じて現在に至るまで、出身者たちはそれぞれ雄勝町への想いを持って、町との関係性をそれぞれの時期と必要性に応じて移り変わらせていた。それはAのように町内での仕事探しといった明確な形だけではない。例えば他の事例では、町内で再建した実家へのUターンや、同級会の実施、同郷のSNSグループの運営、さらには家族で釣りやバーベキューといった形でレジャーのために雄勝を訪れるなど様々であった。筆者からの一五年ぶりの連絡と調査依頼に快く応じ、「論文が書き終わったら飲みに行こうね」などと言ってくれたのも、形を変えた故郷・雄勝町との関係性の一つだといえる。

これらの雄勝町出身者(小学校卒業生)たちへの調査から次のようなことが見えてくる。①実家が被災地から移転することは、定住人口の流出のみならず、将来の人口還流の可能性も大きく損なうこと、②復興事業を進めるにあたって、若者世代に対して情報の伝達や意思決定への関与がない場合は、復興事業そのものが彼らと被災地との関係性を遠ざけること、③震災時に在住していた世帯だけを復興事業の対象に限定することは、将来のUターン候補者である若者世代と被災地との関係性を遠ざけることである。

これらを改善するためには、①実家を原地から離れさせない工夫、②世帯主だけではなく、ともに暮らす若者世代へも情報伝達および意思決定への関与を促す配慮、③震災時に在住していた世帯だけでなく、町外に住む出身者に対しても、情報伝達や関与ができる仕組みを広く用意することなどが必要と考えられる。

また、すでに復興事業の多くが完了している被災地においては、被災地出身者たちが地域に住まずとも関われる経路を充実させることが、過疎化の進む被災地の持続可能性を高めると考えられる。

5　震災経験を経て、何を、どう継承していくのか

被災して地域を離れてもつながろうとする若者たちの姿

本章では、被災を経験し一度は町を離れざるを得なかった若者たちが、被災地とのつながりを保持し、その関わりを模索する姿を提示してきた。そこで見られたのは、地域に戻ろうとする力であり、外に出てもなおつながり、少しでも復興に関わろうとする力であった。

しかしこの一三年を振り返った時、復興政策がそうした力（ホールド）に配慮して、適切に事業を展開してきたとはいいがたく、むしろそうした力はめまぐるしい事業展開の中で常に削がれてきたといえよう。復興政策は、政策が示す枠組みに都合のよい一部の主体や若者だけを取り入れるのではなく、被災地出身の若い世代――彼・彼女らもまた、かけがえのない故郷を失ったという点で真の当事者である――が長い人生スパンの中でどのように地域と関わろうとしているのか、その声をこそ拾わなければならない。なぜなら彼・彼女らは被災し被害を受けた当事者であると同時に、何よりもその地域の継承の担い手だからである。

家・地域の継承者としての若者たち

被災した子どもや若者たちもまた、大人たちと同様に、時間をかけて暮らしや人間関係を再構築し、地域の再興を模索している。その姿は、政府や県、メディアが復興の失敗を埋め合わせる役割として期待をかける外部者・移住者のような、いわゆる「希望の担い手」像とは異なるものだと強調したい。彼ら自身が被災者であり、被害者であり、かつそれが被災地の家族や地域を継承していく復興の当事者でもあって、しかもそこでは一方で、誰か知らない者が「希望の担い手」になることで「自分は違う」と排斥感を味わい、（その身を引いて）苦悩する存在でもあることは見過ごされてきた。

震災で町から離れても通う、あるいは町の外で関係を保持する若者たちの姿。ここにこそ地域や家族が解体の局面にあっても存続しうる可能性が示されているのではないか。災害がなければ「当たり前」に地域や家族の中で受け継がれてきたものが、災害によって失われつつあるというだけの話ではない。むしろ災害があってもなお、いや、そうした危機に直面したからこそ、存続可能性を模索し続ける社会の力は顕われてくる。そこに私たちは本当の復興の糸口を見出していかねばならないのである。

第Ⅲ部　被災者のための復興を構想する

震災後に仮設の「道の駅大谷海岸」(気仙沼市)に設置された献花台(2018年3月)

完成した大谷海岸．道の駅・かさ上げされた国道・砂浜の一体整備(2021年7月，撮影・いずれも三浦友幸)

第6章　当事者と復興——被災者発の復興論へ（座談会）

討論　山下・阿部・三浦・市村／編集　横山・宮本

※本章は、二〇二三年八月一四日（オンライン）および、九月二三・二四日（宮城県・女川町）に行った本書編者・執筆者らの討論の記録をもとに編集したものである。

山下　「被災者発の復興論」ということで、東日本大震災について当事者の視点から論じてきました。第Ⅰ部では、被災当事者が排除される復興の現実についていろんな角度から見てきました。これに対し第Ⅱ部では、そうした被災者、当事者とはいったい何なのか、ホールドという概念を手がかりに、広域長期避難をした人たちがどのように被災地とつながっているのかを論じました。

これらを踏まえた上で、当事者がつくる復興の形を議論していきたいわけですが、そのためにも再び原点に戻って、この議論の中心にいる阿部さん、三浦さん、市村さんが、自分を被災当事者としてどう見ているのかということから始めたいと思います。

災害と復興をめぐる当事者について――当事者排除がもたらすもの

パート1

1　自らの当事者性について

被災当事者だが、復興当事者からは外された

阿部　宮城県・雄勝町の阿部です。まず、自分はこの震災の当事者だと思っています。その理由としては、津波によって一晩漂流したという経験が大きいかなと思います。そしてその後二、三カ月ぐらいの経験ですかね。これらによって、地域の当事者としての意識はむしろ震災前より強くなりました。

山下　その当事者性を外されたと感じたことはありますか？

阿部　少なくとも「被災の当事者」から外されたとは思ってないです。ただ、「復興の当事者」からは外されたという感覚です。

防潮堤計画が下りてきた

三浦　大谷（宮城県気仙沼市）の三浦です。私は家も被災して家族も失い、避難所も運営して、仮設（住宅）に入り、地域からも離れずに復興事業にもずっと関わり続けているので、（当事者の）十分条件のような気がします。常に当事者であり続けたというか、当事者性を利用してたかもしれませんが。

山下　三浦さんの場合にも、当事者でない者が勝手に何かを決定したりなどはありましたか？

三浦　防潮堤の計画が最初に下りてきた時ですね。自分がそれを知ったのは二〇一一年の秋口くらい。その時にそのことは強く思いましたね。

防潮堤の説明会が宮城県で開催されたのが二〇一二年の夏で、「防潮堤を勉強する会」（本書・第1章第4節参照）はそのすぐ後で結成されました。避難所、仮設（住宅）の頃ですから、土木的なものがすごく押

し寄せてくるということに意識が向いていた人はほとんどいなかったと思います。

最初に行政から示されたのは、「津波シミュレーションですべて作っていきます」という計画でした。それは最初から最後までほとんど変わらなかったと思います。

山下　計画を決定するのは国や知事であり、住民ではないということでしたね。

三浦　知事や国の計画の突きつけ方に対して、「防潮堤を勉強する会」が出した答えは、「住民意見や住民合意の尊重」と「地域の多様性への配慮」だったんです。会は大きくこの二つを打ち出しました。ほぼ同時期に県議会も住民合意を尊重する決議を出したんですよね。何をもって住民合意というのかは難しいんですけれども、少なくとも宮城県の気仙沼市の中では、住民が合意しない浜では防潮堤の計画をそれ以上進めないっていう状況はつくり出せたとは思っています。

山下　一方で知事は「県が決める」と。

三浦　はい、知事は「自分の政治生命をかけてやる」というような言い方だったと思います。実際に海岸保全計画を決めるのが、知事の権限になっている。そこに対して住民がどれだけ影響力をもてるか、何をもって当事者性というか難しいですけど、当事者性を少しでも担保するための闘いといいますか。

防潮堤がいる、いらないの二択ではなく、様々な選択肢の中で、（防潮堤の計画について）濃淡の話にはできたというんでしょうか。もちろん、全部が全部自由ではありませんし、いろんな制約は残ってしまいますが。

山下　望んだ通りじゃないかもしれないけれども。

三浦　それで復興したかどうかは、個々の被災者と地域によってそれぞれあるとは思うんですけど、砂浜が再生したことによって、大谷地区のけっこう多くの人が復興した実感のような、故郷を取り戻した実感は得たと思っています。

避難者・被災者・被害者

市村　福島県・富岡町の市村です。もちろん私は原発事故の（被害）当事者であり、避難者であり、被災者とまずは認識しています。その根拠として、被災と避難に関してはその経験ですよね。被害者に関してはやっぱり純然たる（東京電力という）加害者がいて、受けた被害があるから被害者だと客観的にも主観的にもそう認識しています。

地震の被害で、町内で車中泊の経験をしました。そこから全町避難の命令が出て、富岡町民は全員町から避難しなければならなくなりました。原発が危機的状況に陥ったがゆえに避難させられることになった。隣の村（川内村）に避難する命令が出たんです。避難しても近隣だからすぐ戻れるというような状況下で（第一原発で）水素爆発が起きてしまう。そこでさらに避難をして、結果的には町役場の本体自体も、六〇キロ離れた地域（郡山市）に移動しなければなりませんでした。

2　当事者の向こうにいる別の当事者
――被災者排除の過程

高台移転のみの復興が被災者を排除する
――雄勝の場合

山下　阿部さんに戻ります。阿部さんは、自分の意識では自身は「被災の当事者」であるとともに「復興の当事者」であるということですね。その被災者たちが復興の当事者から外されたとすると、その復興はどうなりますか。

阿部　本来こういう復興じゃなければ到達できていたであろうものに対して、多分二割とか三割ぐらいしかできていないんじゃないかと思ってます。ただ、結果としていろんな人に支えてもらって、こういう人生を歩んでるっていうことに関しては、それほど否定的ではないっていう感じです。

山下　それなりの人生は実現できたということ？

阿部　いや、どちらかというと諦めじゃないですけど、自分が本当に望んだ人生はこの道じゃなかったとは思っています。それに対して、社会の状況がこうだったから、ということに関しては諦観みたいなところに至ってる感じですね。

山下　阿部さんは、徒労感と失意の中で二〇一二年八月に活動の「終わり」を迎えた。この時はどう感じていましたか?

阿部　この時は本当に絶望感というか、なんで(自分が委員を)外されなくちゃいけないのかも理解できないし。雄勝町の復興全体としても、これはいい方向にはいかないなと思っていたので、その点も非常に苦しく思っていたというところです。

山下　雄勝については、最初の二〇一一年、一二年が肝心ですよね。そこで可能性を閉ざされてしまった。原地に戻れなくなっている。このことがやっぱり当事者性を奪った根源でしょう。

阿部　(東日本大震災からの)復興は成立してないと思います。復興という状態にも至ってなければ、復旧すらもできてない。はっきりいってこの復興は失敗です。特に雄勝町の復興はもう大失敗の類であると考えています。

山下　阿部さんは当時、色々と市の方に提案した。個人ではなくてグループとして。

阿部　基本的に全員被災者のグループだったので、自分たちが生活再建する上で必要なこと、当然のことを、当たり前に要望として示しただけなんです。こういう復興がしたいですっていうのを。その当たり前の話を行政に提示したら、行政だけでなく、研究者やメディアからもボロクソに叩かれた。行政よりもどちらかというと社会全般から批判され、否定されたという感覚ですね。

山下　雄勝のまち中が津波で全部やられてしまい、みんなその場から離れて内陸の方へ避難している状況の中で、いきなり「もうその地域に住むことはできない。戻るのであれば、高台に土地を用意するからこちらに入りなさい」という計画が出た。二〇一一年の一〇月から一一月でしたね。

阿部　話し合いがなかったわけではなくて、二〇一一年の五月末から「雄勝地区震災復興まちづくり協議会（以下、まち協）」というのがあって、そこで話し合いはされていました。そこでの一旦の結論として提出されたものには、住宅再建の方法として「高台移転をさせてくれ」という話を盛り込みました。私も協議会の委員の一人だったので、その要望書に賛成しています。でも、高台移転のみで住宅再建をするとは書いてないという認識だったんです。

　これに対し、実際に行政の方から後で出てきた復興案は、「高台移転のみで、原地再建はできません。（低平地の）かさ上げもしません」という内容でした。さらに高台移転は表面上、「予算の都合があるので、二年で完成する」とされていましたが、実際は何年かかるかよくわからない。多分五年はかかるだろうという話をしていたと思います。「いや、それでは戻れんでしょう」というのが私たちの住民グループの間で出た話で、高台移転も原地再建もする、さらには一定数の方々が雄勝を出ていくのもわかっていたので、出ていく方々への支援もするという復興案をつくって、行政側に提示したんです。それが結果として否定され、結局は高台移転のみの復興になりました。さらにまち協からも、二〇一二年八月のタイミングで、「人心を一新する」という名目で私は除名されるという経験をしています。

山下　当事者から外された。

阿部　「当事者」という言葉を使って説明すれば、本来、復興事業がもっと他の形だったら戻れていたはずの（私も含めた本来の）復興の当事者が、自分たちの望まない形で復興事業が決定されたことで町に戻れなくなったということです。復興の当事者から排除されてしまった。

山下　行政の提案に対し、当事者の方が間違っているということはあるでしょうか。

阿部　そもそも被災者が自分の生活再建を構想するのに、大きな間違いってそうそうないはずだと思うんですよね。津波を食らったところだけど、いろんなことを勘案した結果、地元に戻る、被災地に戻る、再建するってことを被災者自身が考えてやってることに対して、正しいも間違っているもないと思います。しかし、町は被災者を地域から叩き出した。(自分たちが)地域から叩き出されて、地元に戻らないとなっても、その被災者が生活再建できていれば、それはそれでいいとは思うんですよ。それがその人にとっての復興だと言えるのならいいと思うんですが、実際、「(被災地から)離れてよかったよ」って笑顔で言える人はかなり少ないと思います。

山下　なぜ原地再建の提案は否定され、排除されたと思いますか？

阿部　安全の問題です。かさ上げしても、一〇〇〇年に一度の津波が来る場所だということで、そうしたところには住んではいけないことになりました。なぜなら、「一〇〇〇年に一回また人が死ぬでしょう?」ということで、災害危険区域には住むことが禁止されたという話です。理屈としては。

山下　つまり行政が見ていたのは、住民がどう復興したいかではなく、二度と津波で人を死なせないという形で、「防災行政の当事者」として住民が住む場所を規制したかったということですね。

阿部　取材を受けたある記者にこう言われました。「阿部君の代じゃないかもしれないけど、子どもの代か孫の代か、もっとその先の代かもしれないけどまた津波で死ぬんだよ」と。それに対して私が感じたのは、これは石巻市や雄勝支所という行政だけがその安全を求めたわけではなくて、日本社会全体がそういうものを求めたんだろうなってことです。つまり、実際にどうやって復興するのかという意思の大部分は、〝広く日本社会〟といったようなもの、それを受けた政治とか、そういうものだったというふうに思っています。

山下　マスコミにも世論にも問題があった。

阿部　二〇一二年八月に除名をされるまでいた、まち協の会議でも、そこに来ていた専門家の先生方にも同じようなことを言われました。大学の先生方との会話の中で出てきたのは、先の記者と同じように、「また死ぬところに住むの？　バカじゃん」という話でした。命を守るためには高台移転以外の選択肢なんてないのに、なぜ原地再建とかかさ上げとか言って、議論をかき混ぜて復興を遅らせるのかという話をされましたね。

その時の大学の先生からすれば、高台移転という安全に振り切った復興政策に乗れない人は、少なくとも雄勝町の復興の当事者ではないということですね。津波から安全に暮らせる高台に行かない人は雄勝町の復興の当事者ではないという話をされた。

山下　その場合、協議会では、高台に行けない人たちの復興についてどういうふうに議論したのでしょうか？

阿部　議論されてないです。町を出ていく人たちは裏切り者なんだから。「あと知らねっちゃ」っていう話です。これは復興支援に入っていた研究者の皆さん方も同じでした。

防潮堤建設を決めたのは誰か――大谷海岸の場合

山下　三浦さんの大谷海岸では、復興の「当事者」についてどんな認識でしたか。

三浦　私は、今回の復興の制度が何を引き起こしたのか、その責任をどう考えるかが重要だと思います。

津波災害研究の第一人者で、中央防災会議専門調査会（東北地方太平洋沖地震を教訓とした地震・津波対策に関する専門調査会）の座長も務めた河田恵昭《かわだよしあき》氏は後に、（頻度の高い津波への対策である）L1の最大値の防潮堤をつくれとは自分は言っていない、と述べました。ではなぜ防潮堤の建設をいったん止めてくれなかったのか。専門家は、自分たちの意見が世の中にどのような作用を及ぼすのかについて想定できていなかったのだと思います。当事者意識がなくてそうなっているのか、納得がいきませんでした。

山下　防潮堤計画について、最も責任がある人は誰でしょう。防潮堤をどんなかたちであれ住民が求めた事実はありますか？

三浦　大谷にはもともと防潮堤という考えはなく、県から下りてきた事業です。防潮堤事業は住民発ではありません。そこに関与しているのは、政治家や専門家、行政ではないでしょうか。何かしらの決定者、あるいは責任者、当事者がいるはずです。

阿部　決定が上から下りてきたのは（雄勝も）同じですけど、雄勝の場合は、住民にはむしろ防潮堤を建てた方がよいという考えもありました。家を防潮堤の内側に建てる生活再建を考えていたからです。けれど今の防潮堤は、内側に人が住めないからいらないと思っています。そのすぐ裏側に人が住めるのならば、L1防潮堤は必要だといえると思います。

山下　防潮堤をつくるならどのように人が住むのかとセットで話をし、それを詰めることが必要です。なぜそうできなかったのでしょう。

三浦　二〇一一年の秋口に防潮堤の計画を知り、報道したのは地元新聞です。一二年の夏に計画が示されて以降のメディアの取り上げ方はその計画によって何が失われるのかという問題提起的なものだったと記憶しています。防潮堤の議論は一一年四月から始まっていたようですが、それがどうなっているのかは自分にはわかりませんでした。計画が、暮らしている人間が知らないところで決定され下りてくる。もっとも、さっき言ったように防潮堤の話が出始めた一一年四月や五月はまだ仮設住宅にいたから、あまりそこに意識がいかなかったと思います。

「防潮堤を勉強する会」の一回目、二回目で県庁土木課の課長が用意した資料の中に防潮堤が決まった経過が示されていたのですが、防潮堤の高さを決めた時の会議で各自治体がオブザーバーと書かれていたんです。私も防潮堤事業に憤りを抱えていた時期でしたが、この課長も問題提起として伝えたかったのかなと思いました。

阿部　研究者にも当初はいろんな立場があり、高台移転のみでという人もいれば、高台移転だけでは難しいという意見もありました。高台移転だけだと地域が崩壊すると言っていた人もいました。これに対し、行政側と組んで支援をしていた研究者は、行政の方針を汲んで高台移転を推し進めました。これは加害です。被災者の中にも原地再建でいい、早く原地再建をしたいという住民がいましたが、行政はそれを切り捨てた。研究者はそれに権威を与えました。

三浦　防潮堤に関して言うと、説明会に下りてきた時から賛否は割れていました。メディアも、防潮堤をつくるべきかそうでないか、両面の発信がなされていたと思います。気仙沼市の中には、防潮堤のことで行政側についている専門家はあまりいませんでした。ただし、相談を求めた時に「それは私たちの仕事ではないので」と言った専門家もいた。別の地区では、阿部さんの時のようにならないよう、こっちのことを思ってでしょうが、「それ(反対)以外のことを進めたほうがいい」と言った人たちもいたようです。それを加害とは思っていません。あの時「それはおかしい」と思っていた専門家は多くいたのに、それを表立って「おかしい」と言う専門家は少なかった。ある地区では、行政と住民の間に立って調整している人もいた。

山下　研究者や専門家の責任は大きい？

三浦　異を唱える時は、誰に寄り添っているのかが重要だと思います。土木学会や東北大学の災害研(災害科学国際研究所)などが、二〇一四年の後半になってようやく防潮堤事業の問題を取り上げるようになりました。なぜもっと早く声を上げてくれなかったのかと思いました。「申し訳ないが声を上げられない」と言ってくれた専門家はいました。おかしいと思っているけど、声を上げられないと。声を上げると仕事が来なくなる、業界から排除されると言っていた人もいました。

山下　結果としては住民抜きに、基礎自治体(市町村)も知らないところで、重要な決定がなされた。そこにメディアも研究者もかなり関わった。自治を認めず、助けもなければ、住民にはこうした決定を防げません。そうした決定が可能なのだと考えた県レベル以上の行政の意思決定を司る人たちには、問題があったと言わざるを得ません。

三浦　痛感させられたのは自治でした。大きな防潮堤のような話が来た時に、地域が乗り越えられない。そこで自治の重要性を認識したんです。さらに、社会がそれに関心があるか無関心かというのも、決定にかなり大きく影響していることも認識しました。

阿部　私も同じように思います。しかし一方で、責任をとってない人たちがいますよね。研究者、メディア、支援者、行政も国も県も基礎自治体も責任をとっていない人たちに入ると思います。決定の向こうには無責任がある。

原発事故とリスク管理の無責任性——富岡の場合

山下　市村さんは、原発避難の経験を踏まえて、専門家の当事者性についてどう考えますか？　放射能の管理も含め、原発事故には専門家がずいぶん関わったと思いますが。

市村　原発に関しては、放射線の専門家に班目春樹《まだらめはるき》氏（当時、内閣府原子力安全委員会委員長）がいました。彼は当時の国の原発政策のご意見番的存在だったわけですが、（福島第一原発一号機で）水素爆発が起きた時（二〇一一年三月一二日、午後二時頃）、官邸で頭を抱えてうずくまるのみだったそうです。そこで多大な被害が生じていたのにもかかわらずです。私には、専門家は初めから責任ある行動をしていたと思えません。

山下　映画『Ｆｕｋｕｓｈｉｍａ 50』（若松節朗監督、二〇二〇年）をはじめ、第一原発の吉田昌郎《よしだまさお》所長たちは英雄のように扱われました。

市村　原発所長を英雄視する意味がわかりません。英雄視したのは東電ではなく、社会だったと思います。

山下　事故を起こした原因は、一〇〇〇年前の貞観《じょうがん》地震（八六九年、三陸沖を震源として発生した推定マグニチュード八・三の地震）の時と同じ津波が来たら原発が水に浸かることを知っていたのに、きちんと対応しなかったことにあるといわれています。

市村　当事者性を持っていないから原発を運用できるのだと思います。東電は地域を巻き込んで安全神話を作りました。はじめから責任を取る気はなかったのです。結局、誰がこれまで事故を食い止めてきたのかといえば、地元の人間、つまり原発立地地域で雇われた作業員です。本社の人間ではありません。現場にいた吉田所長は技術屋だから、何が起こるのかわかっていたと思います。映画の中にもありますが、吉田所長が最後に「残ってくれ」と頭を下げたので作業員が現場に残った。あの人だから事故の拡大を止められたという面はあるとは思います。しかしあの人は東電の人です。お疲れさまという気持ちはあるけど、ありがとうという気持ちはありません。

山下　原発事故に関しては、年間被曝線量の許容範囲の基準値が事故の後に変わった(一ミリシーベルトから二〇ミリシーベルトへ引き上げられた)という問題もあります(本書・第3章第2節参照)。

市村　事故を起こしたことで、なし崩し的に変わったと思っています。年間二〇ミリシーベルトを子どもに容認することはできないとして、当時内閣官房参与だった小佐古《こさこ》敏荘《としそう》氏(東京大学名誉教授で放射線安全学を専攻)は職を辞した(二〇一一年四月)と聞いています。放射線量の基準値が政治的に利用された。でも多くの科学者は「自分は政治家ではないので」と口出ししません。責任の外だと。専門家たちが身を挺して阻止しろとまでは言わないけれど、せいぜいメディアなどで意見を公表する程度だったのは腹立たしいですね。

山下　当事者には被害者とともに加害者がいますね。賠償や裁判には司法が関わります。

市村　原発事故の避難者で訴訟を起こしている人は一~二割もいません。それも津波予見の話ばかりです。本当に裁判で争点としてやらなきゃいけないのは、津波の予見性よりも、核を扱えるだけの倫理観、責任感があったのかどうかではないでしょうか。防潮堤をつくらず、サブ電源(外部電源の喪失に備えて設けられている非常用交流電源)さえ水に沈めてしまったのは、金儲けに走った結果ではないか。そういう意味で、司法は本質に踏み込めていない感覚があります。最高裁で東電の責任が認められたのはよかったと思いますが(福島原発事故で被害を受けた住民らが国に損害賠償を求めた四件の集団訴訟で最高裁は国の責任は認めなかったが、東京電力の賠償義務は認めた)。

山下　原発は絶対に事故が起きてはいけませんよね。一〇〇〇年に一度でも。一方、一〇〇〇年に一度のリスク対応をしていると普通の暮らしは成り立ちません。だから逃げる防災――そこそこのリスクを覚悟しつつ回避する仕組み――で対応するしかない。しかし東日本大震災後に起きたことは、津波被災地では暮らしを犠牲にしても「絶対の安全を確保しなければ」というスイッチが入り、原発事故地ではなぜか反対に「絶対安全でなくてもいい」という「安全を曖昧にする」スイッチが入ったことでした。

3　核心にいる当事者は声が出せない

声が出せない当事者

山下　さて、原発事故と津波災害を比べた時に、原発事故では加害者がいる分、原発事故の被害者・被災者は、津波の場合よりも条件が有利だと考える人がいます。賠償も出ているし、支援も手厚く行われていると。どうなのでしょうか。

市村　基本的に加害者がいるということが優位に働くことはないです。被害があるから賠償になってるだけ。公的支援は津波被災地と多分変わらないです。むしろ、原発事故では加害者がいて、それがとんでもなく大きな存在で、だからこそ被害当事者の声が出ない、出せないということが問題です。

山下　今、声が出ない、出せない当事者という話が出てきました。皆さんはどちらかというと声が出せた(出せる)当事者だと思います。それに対しその背後には、声が出せないほど弱い当事者がいる。当事者性の高低でいえば逆に、声が出せない人ほど被害当事者性は高いともいえる。当事者に強い弱いや、当事者性の高低があるということについてはどうでしょうか。

阿部　当事者性に高低はあると思います。やっぱり、亡くなった方が一番高いと思うんですよ。ただそれは、考えるタイミングにもよるもので、例えば震災当日の当事者性と、一〇年後の当事者性にも変化があると思います。

被災当事者の中には、自ら「自分は復興の当事者ではまったくないんだ」と言って内陸移転をして、でも傍目から見て、震災前より良い生活を送っているとは思えない方がいらっしゃいます。例えば元漁師さんなのですが、今は漁はされていない。最近の暮らしは、基本的に朝起きてご飯食べて、テレビを観て過ごし、それで一日が終わるというものです。年金があるから食うには困ってない。でも元の暮らしていた地域とのつながりはほとんど残っていない。内陸に移転した後に、「他の趣味を見つけましたか？」という質問に対しても「ない」と。

自らの人生を本当はもう一度、前向きに立て直すというのが、復興の一つの目標というか、あり方だと思うんです。けど、それも私が見る限り、自分の人生を得られていない。しかも震災前は持っていたであろうはずの、主体性みたいなものもほとんどなくして、ただの都市生活者になっている。ある意味、支援されなくてはいけない弱者のようなところに貶められたという点では、「復興災害」の当事者性は高いと思います。その方を私は「復興災害」の被害者だと思っています。声も上げられなくなっている状態なので。

海に近い方が助かっている

阿部　亡くなった人が一番の当事者だと言いましたが、そもそも津波で犠牲になった方々のことを、よく調べていないということが問題だと思います。

雄勝町もそうなんですが、本当は海に近ければ近いほど安全なんです。亡くなった方の住んでいた場所を見ると、海に近いほど、逃げるから助かるんですよ。二〇一一年から一二年にかけて、隣近所に住んでいた方とか、ご遺族の方とかにお話を聞いて、亡くなった方々がどこら辺に住んでいたかを調べました。亡くなった方々の家をプロットして地図を作ったんですけど、そこから見えてくるのは、基本的に海に近ければ近いほど避難して助かっているということでした。

データからすれば、海に近いほど、みんな避難するから大丈夫という話になる。だけど、進められた実際の防災事業は、全部ハードでやらなければいけないとなってしまった。私は津波で犠牲になった方は当事者だと思います。ただ、ご自身が言葉を発することはもはやできないので、誰かが調べて、データや口伝でもいいので、その声を示すしかないと思うんです。

山下　犠牲になった当事者の声も聞こうとせずに、死んだということだけが防災に利用されてるということでいいですか。

阿部　端的にいうとそうです。私なんかは怒りを込めて「乗っ取られてる」と思ってます。使われてる。本当に理不尽です。亡くなった方々について、「あの人たちが死んだんだからお前たちは住めないんだよ」って言われてるんですよね。「次の津波では、津波が上がらないところにみんないてね」という話としてその死が使われているのは、本当に理不尽な話だと思っています。

その上で、被災者には生き残った者の負い目もあります。自分は家族を亡くしていないんですが、相手が家族を亡くした人だと知った時に、そこから会話ができなくなることがありました。被災者の間でも遠慮や引け目があると思います。遺族とそうでないのとでは、全然違うと思うんです。

私の場合は、目の前で小さな子どもが流されて亡くなったのを見ています。その男の子は、私の三〇メートルほど先で、緑の冷蔵庫の上に乗って泣いていたんです。

三浦　助けられなかった負い目も感じているということですかね。

市村　そのことと関連して福島で有名なのは、浪江町の請戸《うけど》（地区）の消防団の話です。福島では、浪江が地震・津波の被害が一番ひどくて、数千人規模で死んだかと思います。津波は午後三時台に来たので、すぐに日が暗くなる。消防団員たちは、津波で土砂に埋もれた人たちをマッピングして、「明日来るから頑張れよ」と声をかけたそうです。いよいよ救出に行く準備をしていた翌朝に全町避難の指示が出た。まだ生きている人だっていたはずなんです。避難指示がなかったら助けに行けた。その時に彼らが感じた負い目とはどんなものか。言いようのないものだと思います。

遺族であるということ

市村　避難先で、浪江の人ですが、なかなか心を開かない人がいたんです。「お前らは家があるからいいな」などと言って。この人は津波で家を失っています。原発事故だけなら家は残っているわけです。ところが一年半後に「お前らは家が残っていて大変だな」と言われました。津波被災者に対して、原発事故の被災者の側からはやはり遠慮が働く。

三浦さんは身内を亡くしているけど、自分は身内を亡くしていないという気持ちがある。三浦さんがお母さんを亡くしているのをしばらく知らなくてね。

三浦　私はそもそも二〇一二年当時、気仙沼市の震災一周年追悼式の遺族代表だったので、隠していたわけではないんですが。ただ私も単純に原発被災地っていうのがよくわからなくて、こちらも(市村さんに)気を遣ってたというのはあると思います。

私の弟は、母が流されているところに居合わせて、その後長い間、荒れて、私に当たり散らしていました。まともに話せるようになったのは五年くらい経ってからです。以前、父が、「一人でスーパーで買い物をしていると蔑《さげす》まれているような惨《みじ》めな気持ちになる」と言ってきたことがありました。仕事も辞めて仮設住宅に入居していた頃です。まさか父がそんなことを感じているとは思わなくて。「この人、被災してるな」と改めて思ったんです。

仮設住宅の入居祝いをみんなでやった日に、弟が酔って暴れて。その日が母親の誕生日だった。弟が泣きながら暴れ出して、色々あって私が弟を殴ったんですよね。そしたら私も仮設の人に殴られたんです。そこでうちの母親が津波で亡くなったことなども話し、ボランティア支援で入ってた人も初めてそのことを知った人が結構多かった。私が母のことを初めて公に話したのは二〇一一年六月に、地元紙の河北新報で被災体験を話さなければいけないことがあって、その時でした。それで次第に慣れていき、公にすることに抵抗がなくなっていきました。

4　当事者性を曖昧にしてはいけない

防潮堤計画の決定はどのように行われたか

山下　一方で、被災当事者の核心には、亡くなった人を含めて声の出ない、出せない人がいる。他方でその反対側には、被災地のこと、復興のことを決定する当事者もいるわけです。その決定がどうも加害になっている可能性がある、復興災害というのはそういうことですね。そこで正しい判断が行われているなら、そこには加害・被害は発生しません。

三浦　市議会でも、できるだけ議論を尽くして、最終的な決断に至るんですけど、その決定が本当にみんなにとって正しいとは限らない。もしかしたらもっといい意思決定の方法があるかもしれないんですけど、その時に持ち寄れる最大限のことで議論をして、決断して選択しているんですよね。

ただ、これをこの震災での国や県の決定に置き換えた場合、どこまで議論を尽くしてその決断をしているのか、責任を持っているのか。専門家はどこまで議論した上でどこで手放して、あとはそれをもとにして行政官僚がどうしてるのか、私にはそこが見えないんですよね。

Ｌ１とＬ２の基準を中央防災会議で決めた時に、そこではＬ１の津波に対してはハード（防潮堤など）で防ぎ、Ｌ２はハードとソフト（逃げる防災など）両面で命を守りましょうという議論になっていた。このことで「防潮堤をつくれ」が方向づけられたと思うんです。ところがさっきも言ったように、当の中央防災会議専門調査会の座長だった河田氏が、Ｌ１の最大値の防潮堤をつくれとは言っていない、と言い出すわけです。

コンサルが入って復興のモデルみたいなものを考えて、仮想のまちのようなものを想定し復興事業を当てはめていく。それが正しいのかどうか、わかるのは後のことですよね。むしろ、不確定な要素や、当事者が抱えている本当の課題などが、いっぱい散らばってるわけじゃないですか。そういうのも含めて、柔軟性をもった運用がもっとできたんじゃないかなという思いはあります。

山下　決定しなければいけないことが政治にはある。決定というのは、後になってでしかわからないことを、先に何かを根拠にしてすることです。問題はその根拠です。

私たちは今ここで「当事者」という言葉を使って考えています。当事者には様々な立場がある。社会的決定の中では、ある当事者を優先してある当事者を優先しないといったことが当然起きる。でもその時の判断は、当事者性の高さ低さみたいなところで行うのではないでしょうか。その判断や決定が社会にとって不適切なものだとしたら、そこでは政策による加害が発生している可能性がある。

当事者性が曖昧にされている

山下　その際、しばしば当事者性の高い人は、その分逆に声が出ない、出せない人でもあるということが被災・被害の現場では起きています。

その声は誰かがかわりに代弁しなくてはいけない。そこには能力という面もありますが、まずは立場として近い人の声に耳を傾ける必要があるのではないですか？　死んだ人の立場に立ちつつ、どういう復興が本当にあり得るのか、どういう防災があり得るのかを語れる立場の人の声に。しかし、そういう人ほどやはり声が弱く小さくなっている。復興の現場で本当に聞くべき声は何か、その声を出せる人が出せるように、周りはしてあげなくてはいけないということですよね。

そういうことがきちんとできないと、逆にまったく現場に関係のない人々の当事者性が発揮されるようなことが起きてしまう。必要な当事者性が失われ、曖昧にされたことで、復興の現場でわけのわからないことが起きてしまった。

阿部　当事者性が土地に過剰に縛られて理解されるのが、まずは問題だと思います。原地に戻る人（戻れる人)、残っている人は当事者だけど、出ていくとか、一定の期間広域避難をしているなどでも、原地にいなければもうあなたは被災者じゃないですね、当事者じゃないですねと言われてしまう。そういう割り切りの仕方がなされてしまった。

市村　それは原発避難も同じだよね。

どの当事者の声を拾うのか

山下　そういうことでいえば、家族の面でも世帯主だけが当事者で、その他はそうではないということもありますよね。

阿部　そうです。基本的には当事者は家長に限定されていますね。

山下　つまり、現実には、「声が出る人」あるいは「その声が周りによく聞こえる人」が当事者になっていくということです。しかしその向こうに、声が出ない(出せない)当事者がたくさんいる。声が出ない当事者について自覚的に、政策現場はその声を拾わなきゃいけない。

復興や防災の会議の中で、そこに呼ばれた研究者は声が出せる、声が求められているという意味で重要な当事者です。ただそれが加害当事者になるか、被害当事者を代弁するかは、誰に何に寄り添っているかですよね。研究者が被災者・被害者ではないことは間違いない。逆に研究者は、自分の立場を自覚して振る舞わないと加害者になりうる。自分の発言や決定への参加において、非常に重い責任を負っているわけです。それが今の話でいうと、土地だったり、世帯主だったり、男だったり、あるいは行政だったり、時の政権だったり、表向きの法制度や世論だったり、ともかく現場でただ見えているもの、聞こえてくるものだけをもとに決定すると、そこに参加していない(できない)当事者たちの声を抹殺することになる。加害者の立場に容易に与してしまうということです。

市村　なるほど。私たちもそれが嫌で、タウンミーティングをやっていたのかもしれません。避難者の声を、本当に「声なき声」にしてしまわないようにという思い。避難をしていて、避難元とは距離的に離れて暮らしているから声を出さない、出せないというのではなく、避難をした人が復興に参画できる状況をつくる必要があると思って、やってきたのかなって気がします。

ありえない復興事業との闘い

三浦　私たちも、最初にやったのは署名活動です。その内容も住民意見の反映を求めるものだったんですね。その次にやったのは、住民の総意をつくること。総意といっても、できる限りの総意しかできないんですけど。その中でみんなの共通する思いの核を見出して、そこを元にして合意形成を図っていき、そこで行政とやりとりをしていったんですよね。

山下　そこでは、防潮堤によって浜がなくなる、見えなくなることがやはり一番の問題でしたか？

三浦　浜が見えなくなるっていうのは地域からしたら二番目かもしれないです。一番目は砂浜がなくなるということですね。

山下　それってただ景観の問題というふうにも感じてしまうんですけど、そこにこだわる理由には何があるんでしょうか？

三浦　そうですね。地域への愛着ですね。震災前の二・八ヘクタールっていう砂浜を再生させることを軸に論理を立てていって、防潮堤予算で国道をかさ上げしてもらいました。行政側からすれば砂浜は地域の象徴というよりは、海水浴場という産業的なものとしての位置づけだったかもしれないですけど。

ただ、地域側はそうは思ってない。まずその大谷海岸の砂浜が、大谷地区を大谷地区たらしめている大きな要素で、それなしでの復興が成立しないというより、それが再生されなかった時に、それ以外の見通しが立たなくなるというか。まったく新しい何かで、もしくは別な何かで、地域を再生させていくか、あるいはつくり変えていかなければならなくなるんじゃないかと思ったんです。

山下　要するに、砂浜のない大谷は「ありえない」と思った？

三浦　そうですね。自分だけじゃなくて多くの人が「あり得ない」と思った。

山下　本当は原状復旧でよかったのでは？

三浦　自分も含めて原状復旧を希望する人たちもいっぱいいました。一〇〇パーセント納得しているわけではないんですけれども、一応今の形にみんなで合意して進みました。

山下　災害と闘ったというよりは防災と闘ったという意識の方が強いということはありますか。

三浦　そこは復興事業と闘ったイメージは強いですよね。

阿部　その防災や復興っていうのは誰がやるんだ、その安全を誰が享受するんだ、みたいなところの話が、ずっとずれているんだと思います。防災の当事者って、本来そこに住まう人たちだと思うんですけど、雄勝だとそこには誰もいない。

山下　当事者という言葉でいえば、誰もいない「空っぽの当事者」や、空っぽの防災や復興のために、そこに今住んでる人の暮らしに必要なもの、暮らしそのものや地域そのものを奪うようなことが発生したということです。三浦さんのところは一応、その場所で再建するっていう道を選べたわけですけど。さて、こうした被災当事者抜きの復興でいったい何が起きたか、次に考えていきましょう。

5　その結果、復興はどうなったか

みんなが本当に望む復興とは違うものへ

山下　原発事故の被災地でも、復興事業が始まりました、道の駅に喫茶店ができましたなどとテレビで生中継をして、すごく綺麗な施設でデザインも完璧、みんなが行きたい場所ですね、ぜひ来てください、鉄道も通りました——と。でも、それは当事者が望んだものではない？

市村　復興が被災当事者から離れていく要因の一つは財源だと思っています。住民たちがお金を出すとしたら、こんなもんつくると思います？　復興事業と称してやっているものは、ほぼほぼ国の金でやってるわけですよね。あれが、もし本当にあそこに住む人たちが望んでやってるんなら別のものになったと思うんですけど。結局、金だと思ってしまいますよね。

山下　では当事者が望んでいる復興とはどういうものですか？

市村　当事者みんなが本当に望む復興っていうのは、原発被災地の場合、もう絵空事みたいになっちゃったんですよ、ある意味。現実にやっているのは、メガソーラーに国際廃炉研究機関、そして除染という名の終わらない公共事業なんです、富岡町の場合は。隣の双葉町や大熊町では、やはりまだ廃炉作業が中心ですよね。

山下　結局、事故の処理が終わらない限りは次に進めないので、現実としてはやはり事態を待つしかない。ただその間に勝手にいろんな整備がなされて、全然違うまちに変わっていく。でも被災者はとにかく様子を見るしかない？

市村　そうですよ。様子を見るしかないんですよ。ただその中で、帰るという選択肢は残しておかなきゃいけないような気がしています。「帰る」って。

山下　当事者であり続けられるようにしてほしいってことですよね。

市村　そうしておかないと、事故の再発防止じゃないけど、事故を二度と繰り返さないための保証というのは、そこにしか今はない気がしています。

山下　この事故を経験した当事者が、この場所を監視し続けていくことが大切ですよね。

計画は「仮想のまち」で、現実のものではない

山下　普通の発想なら、復興は被災当事者のためにプランを立てます。「一人も取りこぼさない」というのが復興のスローガンで、現実には色々あったにしても理念としてはそうです。国民もだからそういう形で行政がちゃんと進めてきたと思ってます。それがそうならない理由はどこにあるんでしょうか？

三浦　まちの機能だけを復活させようとしたんじゃ

ないでしょうか。生活者が主役ではなくて、まちの主要機能を取り戻すための復興計画。震災当初、各自治体にコンサルが入り、いくつかの復興パターンをつくってその中で「復興モデル」のようなものをつくっていたと思います。それに合わせて事業を当てはめていった。でもそこで議論されていたのは現実ではなく、仮想のまちだったんじゃないですかね。

山下　しかも津波被災地の復興は、要するに防災ですよね。復興ではなくて防災です。今後は一人もこの場所で亡くなることがないようなまちをつくるという、理想のための事業ですよね。それを復興と呼んでいる。でも防災ではまちづくりはできません。防災が、そこに暮らしている人の暮らしを守るということと合わなくなっているように思います。

三浦　防潮堤は、実は防災ですらないのではと思います。防潮堤で海が見えなくなるとかえって危ないというのは、意識下に海がなくなるので危険だという話ですね。津波が気づかないうちに乗り越えるのが最も危ないという話は説得力がある。でも行政に通じる話じゃないから、議論としては使えない考え方かと思いますけど。

阿部　そのあたりからやはりズレてるんだと思うんですよね。私は人間の避難の意思決定では視覚情報がすごく大切だと思っているので。本来、防災ってそこに住んでる人たちがいて、成り立つんだと思うんです。人の住んでないところに津波がやって来て山が崩れたとしても別にそれは災害でも何でもない。あくまで人が住んでいて、そこに自然の事象が来て、被害が出ることで災害と呼ばれるわけです。でも多くの場所は、そこにもう人は住んではいないので、防ぐことさえ必要ない。

「キラキラ系」の支援者・活動家たち

山下　そうやって、過剰な防災・防護で被災者がいなくなった場所で、新たに復興を企画すれば、今までにないものや、その地とは無縁なものが入り込むことになる。「キラキラ系」というものがあるそうですが、これは何ですか。

阿部　「キラキラ系」は、行政とくっつくしかないという構造がありますよね。行政と被災者が揉めている時に、そうした「キラキラ系」の人たちが文句も言わず、行政側につくのを見てきました。

三浦　「キラキラ系」の支援者のやっていることは、その良し悪しよりは、これまでの地域の積み上げとは違うということです。地元でやってきたこととの連続性がないもの、別の文脈から入ってくるのが生理的に気に食わないというか、こちらが抱えている痛みをわかって活動しろよ、みたいな感覚が地元民にはあった。

阿部　「キラキラ系」は私の理解では、復興支援で地域に入ってきて地域で活動をするわけなんですけど、その活動っていうのが地域に向けてやってるのではなくて、「被災地でこんなふうに活動をしてるのってすごいでしょう」っていうのを、東京の人に向けて発信するために活動している人たちです。本質的には地域はどこでもいいんですが、被災地で活動し、被災地ではない外の人たちに向けて「これ、すごく大事ですよね。こんな活動やってるんですよ」と伝えることでお金を得ているというような。

市村　うちの富岡町でもそうだけど、それでは復興にならないんだよ。ワインや玉ねぎをつくったら、それだけで復興になるかといえば、特定の企業以外のほとんどの住民にとっては復興にならないですよ。私としては百歩譲って、やったっていいと思っています、極端な話。でも地域の人々のためって言われるのが嫌なだけで。自己実現のためにやってますって言われれば潔くて、そうしたら「頑張ったら」って言えるんですけど。

パート2

復興を被災者のものにするために——当事者排除の原因は何か

1　当事者排除が生じた理由

「広く国民の皆さんの復興」に潰された

山下　この震災・原発事故では、被災当事者が復興から外され、そのことによって当事者不在の、外から来た別の当事者による復興が進められてしまった。だが、それでは実際の復興にはならない。当事者排除を止めなくてはなりませんが、では、そうした排除が起きた原因はどこにあったと考えられるのでしょうか。

阿部　こうした復興にならないように「被災者の当事者性を生かそう、声を上げよう」という意欲は当初はありました。それが結局はっきりと「潰された」というイメージです。なぜそうなったかというと、この復興は「広く国民の皆さんの復興」だったからだというふうに思っています。被災者が復興の当事者としてあり続けるには、ものすごいパワーを使わなくてはいけない状況がつくられたと思います。

山下　この復興が「広く国民の皆さんの復興」だったからというのは、もう少し言葉を尽くしてもらう必要があります。この復興で、なぜ当事者排除は起きたのか、議論をさらに深めていきましょう。

地域が弱くなり、対する相手が大きかった

阿部　当事者排除が起きた第一の原因として思うことは、自治体の大合併もそうだし、少子高齢化もそうだし、様々な問題が進展する中で、地域側が非常に弱くなっていた面があるのかなと思います。何より市町村合併が大きいと思います。特に雄勝は、石巻市に一市六町で合併している(二〇〇五年)。(大谷地区が所在している)本吉町が気仙沼市に合併した(二

○○九年)のと、規模が違います。

市村　富岡町は合併はしていませんが、原発誘致で東電というシロアリに自治が食われていた状態でした。半世紀という長期にわたって、だんだんと懐柔されていった(福島第一原発は一九七三年に一号機が運転を開始し、以降、七九年までに六つの原子炉が順次設置された)。原発を受け入れてスカスカになってしまった自治体に事故が起きた。

阿部　理由のもう一つには、自治体が相対する相手がめちゃくちゃ大きかったというのがあると思います。そこにさらに時間制限も加わります。復興予算を二年で使い切らなくてはいけない。一年延長しても、三年以内。早い意思決定が求められたっていうところも大きいですよね。地域側が弱いから、中央行政というか上からの意思決定が非常に通りやすくなってしまいました。

三浦　そもそも復興事業に「地域性」という概念があったのかというのは疑問に思う。私の印象としては全部一律の復興だったんですよね。ある程度大きい単位で。

市村　私たちはなぜ排除されたんだろうと考えます。何より、誰に排除されたのかという相手の問題がある。自治体から排除された感覚はあまりなかったんですよね。ただ結果としてなぜ排除されたのかというと、県や国にとって私たち避難者が都合の悪い存在だったからではないかと思います。

原発事故に遭った自治体は、避難指示解除の三区分編成(二〇一二年四月から「避難指示解除準備区域」「居住制限区域」「帰還困難区域」に編成された。本書・第3章第3節参照)に当初反発しながらも、それを受け入れることに転じました。その時、国は「やっと私たちと同じ方向を向いてくれましたね」って、役場に言っちゃったんだそうです。環境省、経産省が。「富岡町さんは住民ばかり見ていたんで、話が進まなかったんですよ」と言われたと。

「やっと同じ方向を向いてくれましたね」

これは住民のために基礎自治体がきちんと主導権

を握らないといけないという話の反面、何ていうのかな、そういう国との関係を感じ取った自治体は、もうやっぱり国を見るしかない状態になっていったってことでしょうね。

山下　そういうことがいろんな場所で発生していたことは、私も聞いています。原発事故は直接、国が関わるものであり、初めてのケースなので捉えていくのが難しい面があります。これに対し、先ほど三浦さんが「(復興には)地域性という概念がなかったんじゃないか」と言いましたが、少なくとも民主党政権がつくった東日本大震災復興構想会議(本書・第3章第2節参照)の結論には、その要素は入っているんじゃないですか。地域性を抜いた復興という議論はしてないはずです。それがなぜこうした「一律の復興」になるのかという謎が残るんですね。

しかもそれが政権交代と関係していれば、時期的には二〇一二年の安倍政権からになるはずですが、安倍政権が本当に柔軟でなくなっていくのは二期目(第三次安倍政権)です。二〇一四、一五年あたりからで、防潮堤計画はその前に出ています。ですから政権主導の結果かというと、そうではない。

時限付きの予算が計画の硬直化を招いた

三浦　防潮堤の話でいうと、もう二〇一一年四月くらいから議論が始まっていて、七月には計画ができ、九月には各自治体に示されて進んでいました。それで、私たちが岩手から福島に至る浜と浜をつなげる横の連携組織をつくったのが二〇一二年一月で、「海の民連絡協議会」という名称で発足したんです。途中から岩手分科会、宮城分科会には分かれたものの、岩手の方も結構、防潮堤建設については強硬だったんです。

でも岩手では、自治体と県の関係性が宮城よりは対等な感じがしていました。各自治体で、小さな浜は三段階くらいで(防潮堤の)高さを選べるような話になり、もっとも、大きい主要な浜は選択の余地なしとなっていたと思います。

宮城県は村井知事が「政治生命をかけて防潮堤を

つくっていく」みたいなことを言って堅持していました。だけど、私たちの「防潮堤を勉強する会」の動きなどもあり、二〇一四年三月に当時の安倍首相が「そろそろ防潮堤を見直してもいいんじゃないか」というようなコメントをした時があった。そこからこぞっていろんな学会、東北大学の災害研や土木学会などが、防潮堤の計画に対して「過剰防御」など様々に指摘するようになり、それからは計画にも柔軟性が少し出てきたように思います。

計画に柔軟性が出てきたのは二〇一四年ですが、一三年の秋口くらいから急に行政の圧が弱くなったのを感じました。もしかすると、その頃に国の方針で、復興予算の期限が延長される方向に風向きが変わったのかもしれないと思っています。

山下　国は復興予算は使い切らなくても延長されていくから、ゆっくりやっていけばいいんだと最初から言っていたと聞いています。急がせたのは自治体、特に県だったんじゃないでしょうか。予算がなくなるぞと。それがなければこうはならなかった。

三浦　急がなくてよかったのなら、それで防潮堤計画が止まらなくなった要因の一つは、取り除かれたと思います。間違いなく、その（急がせる）力は働いたと思うんです。ただ、それがすべてではない気がしますけど。でも少なくとも二〇一二年の防潮堤に関する説明会の時、行政職員たちに出されていた条件は、防潮堤を一三年度末までに完成させるスケジュールを示す必要があるということだったと思います。考えたらそれは最初から無理な話なんです。

山下　そうですね。まず仮設住宅ができるまでに一年弱くらいかかっている。そこだけでも時間がかかってるわけだから、復興にはさらに時間がかかる。時間軸の取り方に失敗しているんだと思います。

プロパガンダの自家中毒

阿部　その時に、政府がつくった政策のスキーム自体が大きくなりすぎて、自ら機能不全に陥っていったのではないかと思っています。つまりプロパガンダの自家中毒みたいな話なんですが。例えば、政府が災害危険区域を指定したことが、事実上、「早い復興」の実現を止めてしまうわけです。なぜなら、被災者自身の住宅再建という道を縛ったのですから。

一方で、高台移転とか、内陸移転っていうのはそう簡単にできない。そういう中で、災害危険区域を指定しなければ、本来自力で家を建てられたような人も、仮設住宅の中に長らく入ることになってしまった。そこに今度はメディアや支援者などが行くわけですよね。彼らに対して、仮設住宅に入っている被災者の方々が何を言うかといえば、「早く復興させてくれ」「早く自分が家を建てられるようにしてくれ」「早く仮設から出られるようにしてくれ」という話をするわけです。本来それは、被災者たちが自分で努力すれば、なんとかなる人も多いはずなんです。だけどその手段を封じた。一番早く復興する方法というか、早く仮設住宅を出る方法は、はっきり言って政府の縛りを解くことだったわけです。それをしないで早い復興を進めようとすれば、またいろんな問題が出てきます。

しかも計画が出てくる度に「どうしますか？」と被災者に聞くのですが、結局、最初のスキームは変えないので「イエスのみで答えてください」と押しつけていくことになる。それに対して、「いや私はノーなんですけど」と言う被災者は復興事業から漏れ落ちる。復興事業から漏れ落ちると、もはや被災者ではなくなってしまう。それなら、自分で内陸の土地を探して自力で内陸移転するということになります。

でも一方で、仮設住宅に残っている方々は「早く早く」としか言わない。それをメディアが撮影して流す。政府も「迅速化が必要」とばかり発信する。日本社会、あるいは被災地を取り巻く社会が自縄自縛でプロパガンタを広げていったような状況です。その結果、復興加速化ばかりが強調され、さらに復興被害を広げることになっていったと思います。

当事者排除が起きた原因として、地域自治が対決する相手が非常に大きかったと述べました。では、その相手である国や県がきちんと対応できたのかというとそうではない。それどころか東日本大震災の場合、社会やメディアが大きく注目する中で妙な力が働き、政府の対応も難しい状況に追い込まれていきました。それがパート2の最初に述べた「広く国民の皆さんの復興」といったことに関わるところなんです。

2　間違った形の復興へ

雄勝の現状 ――帰ってきても雄勝ではない

山下　ともかくそうやって、いびつな国‐地方関係で進められた復興が、しかも国民が注視する中で(こそ)間違ったものになっていった。

阿部　現状の雄勝町(石巻市)の人口は一〇〇〇人を切ろうとしています。もとは四〇〇〇人だったのに。震災後も残っている家はありますが、そこに住めるはずの世帯数・人口数よりも減っています。これは被災者排除、当事者排除を続けてきた結果だと思います。

近年は雄勝出身のUターン者も出てきています。でもそれは雄勝町内に戻るのではなく、石巻市の内地に内陸移転した実家に戻っているケース(Jターン)が大半です。東京や仙台からUターンするなら、石巻ではなく雄勝に戻りたいのですが、雄勝では住めないと思い、雄勝がもう自分の地元、故郷ではないと感じて、石巻に住み「石巻市民」として暮らしているんです。もう一度当事者になり得た人たちが当事者になれない。関わることができずにいる。自分が関われる場じゃないという感覚です。知らない人たちが復興をやっている。「あの人たちのやっている地域」になってしまっている。

大谷の違和感 ――東北沿岸が防潮堤で固められた

三浦　(大谷の場合は)二〇二一年に大谷海岸が完成して日常モードに入っていき、普通のまちづくりの段階に入っているんだなと感じます。目指しているのは、いろんな人たちの当事者性と関わりをつくっていくこと、それをまちづくりに織り込んでいくことです。

地域のことはそうだとしても、大谷海岸が完成した形を見た時に、何パーセントか違和感を持っているわけです。はたしてこの形でよかったのかと。いろんな人たち、いろんなセクターの人たちが関わって、住民たちも含めて合意形成としては、いけるところの先の先くらいまではいった。しかし当時、構造物としてあれが完成した時の「なんとかここまできた」という感覚と、「これでよかったのか」という違和感の両方があったんですよね。違和感の部分は、結構見慣れてきて、だんだんなくなってきたんですけど。現状としてはそういう気持ちです。慣れてきてしまっている。

いつも家を出ると大谷海岸が見える。それを見る時に、そういう気持ちが心によぎるわけです。今の光景に対して。やはり海岸がどうしても人工的に見えてしまうのは否めないんですよね。

大谷海岸の国道の上に立って、そこから海を眺めた時には圧倒的な開放感があったり、親水性があっていいんですけど、反対に海側から見ると、そんなに他の防潮堤と変わらない部分があるんですよね。うまくいってよかったという部分と同時に、東北沿岸が防潮堤で囲まれてしまったことを痛感します。

大谷海岸がうまくいきそうになってきた時に、自分の気持ちはそんなに晴れなかったんです。なぜなら、周りは（防潮堤が）つくられることが決まって、そのまま防潮堤で囲まれる形になりました。他の地域で活動していた人たちもいるけれど、マイノリティとして追いやられて、うまくいかなくなっていったのも見てきました。大谷の人たちはそう思っていないかもしれませんが、自分は大谷が「（防潮堤問題の）最後の砦」くらいの気持ちで活動してたんですよ。大谷がうまくいっても他がよくなるわけではないと思いながらも。大谷海岸のいろんな要素が、日本の海岸の今後のあり方に一石を投じるものであるならいいんですけど。

山下　違和感の正体は何だろう？

三浦　このたとえも違うかもしれません。防潮堤計画全体に対して思うことですが、生身の腕を切り落としてロボットの腕に換えてしまって、こっちの方が便利ですよ、強いですよ、傷つきませんよ、みたいに言われている感覚です。サイボーグのようだと思います。

富岡町の場合――止められた町民たちの復興計画

市村　原発事故の方をお話しします。富岡町の復興の大きな転換点となったのは第二次復興計画です。町役場と私たち(「とみおか子ども未来ネットワーク(TCF)」。本書・第5章第2節参照)とで仕掛けて、被災地近辺の地域の方だけでなく、全国の避難先からも住民を集めて、役場も若手の職員を中心に集めてじっくり議論したんです。お互いの意見に耳を傾ける必要があった。実際には揉めましたけど、そうやってコミュニティを再構築していたのだと思います。今まで批判的な意見しか言わなかった人までが、「こういうふうにわかり合えたんだから、みんなでまちを盛り上げよう」と言い出すくらい、いい話し合いができたんです。「みんな住民だ」と。帰るかどうか迷っている人も住民であるという話ができて融和的な結論になった。なのに、その後、その担当者が外されてしまうんです。

この時の話し合いの結論は、計画の本編にはならず、資料編になってしまいました(本書・第1章第2節参照)。私はここで、住民が根無し草になってしまうことへの防御策としてあったコミュニティ維持の手立てが潰えたと思っています。しかもその後に出てきたのが、避難指示解除です。第二次復興計画で、帰れる人、帰れない人、みんなで(復興を)やろうといっていたのを否定した後で、「お前ら戻れよ」という話が来るんですよ。その矛盾というか。

山下　この時、町が作っていた計画が歪められた背後には、県からの圧力があったといくつかの筋から聞いています。

市村　今、富岡に住んでいる人口の六割は移住者です。しかもほとんどが原発作業員。町の住民登録は一万数千人いますが、現地に帰っても人はいない。我が家もジャングルになっています。それで、今何が行われているかといえば、富岡町への移住促進事業です。移住者に二〇〇万円あげるよと。あそこで暮らしてきた自分としては空虚に感じてしまう。

町は空っぽです。避難指示を解除したら富岡町には四〇〇〇人帰ってくるという話でした。実際には二〇〇〇人程度がいるだけです。そこでいま四〇〇〇人にするために移住者を集めなくてはとなっている。うちの周りもたくさん家がありましたが、みんななくなりました。家の基礎もなくなって更地になっています。一部のわずかな利権者たちがその土地を買い漁って王国をつくろうとしているような状況ですね、現状では。

「危険自治体」になってしまう

市村　前著『人間なき復興』(山下・市村他　二〇一六)で原発事故の被災地が「危険自治体」(本書・第3章・注(21)参照)になる可能性を書きましたが、このままでは本当にそうなっていくのではないか。町が衰退していく中、廃炉税などで原発に依存する、たかる状況ができつつあります。新たな原発依存です。

富岡町民のほとんどは、今も全国に避難を続けています。そこに住んでいるのは町に依存せざるを得ない、生活困窮の人たちです。事故の前はちゃんと自立できていた、事故の被害者もここには含まれると思います。もちろん「原発ジプシー」(電力会社の正社員ではない下請け労働者)の人たちもいますけど。

今後こうした人たちを誰が支えるのか。避難者たちはその負担から住民票を抜くかもしれない。地域にとどまろうとするホールド(本書・第4章参照)が効いているような人たちでも、現実問題として町民を続けることが難しくなるだろう。このままいくと富岡町は汚染土や核廃棄物の最終処分場になっていくと思われますが、それに気づいている為政者はいないし、行政職員の中には自分だけは逃げられるからという人もいる感じです。町は移住促進を進めているけど、納税で町を支えているのは実は避難者です。

なのに、町はその避難者を復興から排除してしまっています。

山下　それでも原発避難者特例法(本書・第3章第3節参照)があるので、関係町村はなんとか震災前の形を保っていますよね。国がきちんと制度で守っているから、被災地は危険自治体にならずにすんでいるともいえます。この制度をともかく維持し、できれば今後安定的に拡充していくことが、事故原発を安全に保つ最低限の条件になると思います。

3　加害者優位の原発事故

東電が避難者を助けるわけがない

山下　とはいえ、その場合にも、やはり原発事故は国がついているから、その点で津波被災地より原発避難者は救われている、ということにはならないのですか。東京電力という加害当事者もいますが、加害者は被害者をしっかり支えているのでしょうか。

市村　表現として「国がついている」というのがまず違いますよね。そして東電はボランティアとして清掃活動などしていますが、避難者を助けるわけないじゃないですか。自分たちの後始末しかやってないんだから、基本的には。

東電や国が私たちを助けたか、ということですよね？　命を救ってくれたっていう感覚はないですよ。東電にしてみれば、東電という企業として、地域を守るといえば聞こえがいいですけど、制御が利かなくなった原子炉をなんとかしなきゃいけないと当たり前の対処をしただけですからね。事故を収束させるために行動していただけだから、住民に何かしてくれたかというとそうではない。住民に対しての責任すら果たすことができなかったという認識です。

国に関しても、助けてもらったとは思っていません。助けるために国が何をしたかというと、むしろ私たちに対する主権侵害です。自分たちの地元なのに、そこに入ってはいけませんと言う。むしろ出ていけと言われたので、憲法で保障されている移動の自由や、主体的な選択権は私たちにはなくなってるわけですよね。国は国として最低限のことをやってるだけであって、それが「支援」だというふうには、あまり認識していません。国も「社会的責任」においてて支援をしているという言い方をしていると思いますが、社会的責任というのは法的にも定義されていないからよくわからない。だからはっきりと「助けてもらった」という認識はないですよ。

加害当事者としての国

市村　当事者には大きく分けて二つがあります。加害当事者と被害当事者の二つです。私の場合は被災、避難、被害の当事者で、他方で国や東電は、その加害当事者なんですよね。

山下　一般論でいえば、加害当事者には責任があります。例えば自動車事故であれば、ぶつけた方が被害者をどう支えるかというようなことがなければいけないですね。

市村　それがなかったんですね。最低限あったのは、災害救助法のような通常の災害に照らして出てくるだけのものであって、原発の事故という加害行為に対応するものではない。

結局、自治体にもどうにもならない状態ですからね。当初の避難で頼れる相手は、避難先の地域住民の人たちというわけだから。隣の川内村の人たちが食料や毛布など、必要なものを準備してくれた。確かに行政も声かけはしていますが、でも実際にやってくれたのは村民たちだという認識です、やはり。

山下　原発事故の避難者には賠償も行われてますが、その賠償は加害者と被害者の間で行う当然のことであって、それさえきちんとなされていない。津波被災地と原発事故被害をむやみに一緒にしてはいけないということですね。

従順な被災者のための政策

市村　私は、一連の復興政策はある意味、疑問を持たずに従順に受け入れられるような避難者・被災者のための政策だったんじゃないかと思うんです。疑問を持った瞬間に「めんどくさい人たち」にされてしまう。私たちが市民団体をつくって活動してきたのは、その（復興政策への）疑問自体が複雑すぎて訳がわからず、疑問を持つことすらできない状態になっているのを、きちんと当事者の実態として示す必要があるという気持ちからでした。生活を奪われてる状態や非日常的な状態、そこから復興したい──復興という言葉はいけないな──、「復旧したい」「元に戻っていきたい」という気持ちをみんな持っているということだけは示したかった。

結局、踏み絵みたいな状態になってしまったのだと思います。要は「みんな帰りたいんだよね？　戻りたいんでしょ？」と。じゃあメニューをこれだけ用意してあげたので、それをやればいいじゃないかという感じで。でも、そういうメニューに乗って戻ったからといって、復興にはならない。行政側は、地域住民が戻れば復興したといえるかもしれないけど、戻ってきた住民たちは別にそれで生活再建ができるわけじゃない。

なぜできないのかといえば、その一番の原因である原発で、まともな事故処理が完了していないから。しかも除染という公共事業が、ある程度の成果はあるにせよ、功を奏していないことも大きい。除染がなぜ駄目かといったら、徹底してできてないからです。他方で、放射性物質は漏れ、汚染が続いている。さらにいえば、生活は点で行うものじゃなくて、やっぱり線があって面がある。だから、その地域近隣にまだ避難指示が継続しているようなところがあるのに、そこで生活できるかって話です。避難指示解除されたって、未だに放射線の高線量地域なんですよね。それが解消されてないのに避難指示を解いているわけです。

そのような状況の中で、富岡町で今、何が起きてるのかというと、町の機能が正常ではない状態にある。なのにそこに工場がつくられ、町全体がプラント化されている。除染を含めて徹底的に町が変えられて、高度に人工化された場所になっている。町という大きい工場の中に、売店があって食堂があるっていう状態になってしまっている。そんなところが生活の場になることは難しいんです。

「みんなが戻ったら、自分も戻るんだ」とみんな言うわけだよね。この言葉って、すごく実は重要な気がしていて。誰かが戻るんじゃなくて、みんなが戻って町が機能する状態にならなければ、戻って生活することは難しい。もちろん、このこと自体がもはやかなり難しい話だとは思います。でも、人が戻るだけでは復興とはいえない。「人が戻ったら復興でしょう」というのは、あくまでも加害者側の理屈だろうなという気がします。

復興がイノベに転換された

市村　結局、イノベ（本書・第2章・注（3）参照）が、先ほどの津波被災地での防災の話にとても近いと思っています。とにかく廃炉作業を産業化しようという思惑が働いているんですよね。ロボット産業だとか、エネルギー産業という形で。復興事業自体がイノベに集約されてきている。

山下　その前にインフラ整備があり、そのために除染があったけれども、実は全部は除染できないので途中までになっています。

市村　年間被曝線量の許容限度は、元々年間一ミリシーベルトという基準値があったわけです。原発事故以前は、これが日本国内で一律の基準値となっていた。ところが原発事故が起きて、原発作業の現場では到底、基準値を達成できなくなった。そこで基準値を年間二〇ミリシーベルトに引き上げた。避難指示解除の基準もこれになっている。結局、なし崩し的に基準値が変えられたわけです。原発事故前の通常の基準値のままだったら、避難指示解除なんかまだできてないわけです。

現在のトピックとしては二つあって、一つは汚染処理水の海洋放出と、もう一つは復興のためのインフラ整備も含めて、削られ集められた汚染土壌を再利用する方針に変わってきたことです。ほとんどの人はこんなこと望んでないですよね。避難指示が解除されても住民が戻っていないことが、それを示していると思います。

被害者が加害者になっていく?

山下　ただ、避難者が「帰れない」「ここは帰ることのできる場所じゃない」と言う一方、今そこに生活している人もいるわけですよね、彼らからすれば、「人が住む場所じゃない」と言う避難者は、今度は被害者ではなくて、加害者になるということがありますかね。

阿部　津波の場合ですけど、地域外の方に雄勝の現状をお伝えする際に、「雄勝の復興は失敗してますよ」という話をするわけですよ。そして「ここ(雄勝)出身の人たちが震災前と同じようにつながり合ってこそ、地域の生活っていうのが成り立っていくわけです。その形をもっと取り戻さなくちゃいけない。それこそ復旧でしょう」という話をするんです。でも、それに対して、被災地でずっと頑張ってきている方々からすれば、「なんだあいつら」とはなりますよね。そうした方々からすると、私なんかは外から文句を言う人に見えるでしょう。実際、半分攻撃しているようなもんだと自分でも思うので、その点では自分にも加害者性があると思っています。

雄勝に来る学生ボランティアには「君のやってることは本当に被災地・被災者のためになってるか考えなくちゃいけないいんじゃない?」という話をよくするのですが、彼らはやはり困惑するし、場合によっては非常に意気消沈しちゃったりもします。

市村　私たちのTCFなんか、実際にそう言われたこともあります。東電関係者の家族にはこう言われました。「私たちが何か悪いことしたんですか?」と。「いや、別に私たちはあなた方が悪いとは一言も言ってませんよ」と言い返しましたけど。原発事故の原因である東電という企業に対して、多少でも疑問を持つことが、ある人たちにはもう加害行為としてみなされてしまう。

山下　でも、本当にそれは加害なんですかね。

阿部　本当は、自分の場合も加害じゃないと思っていますが、人によっては震災後の一〇年以上の生活が否定されたようにも感じちゃうのでしょうね。

市村　自分が加害行為をしていると思う必要はないと思うけれど、多分、加害者だと思われてるという認識はあるんです。

三浦　そうですね。（ある事象を）否定するのと加害行為とは違うと思いますけど。

市村　そうでしょ。否定だってしてないんだよ。ただ、「本当にそれで大丈夫なの？」と単に疑問に思って言ったことが、否定に聞こえちゃうってあるじゃん。「本当にそれ大丈夫なの？　本当にそれで復興できるの？　それでいいんですか？」って言うこと自体が加害にもなるということですよね。

山下　被害者が加害者であるかのように非難されることが時々起こります。でもそういう場合、本当に加害者かっていうと、実は被害者が加害者であるかのように扱われることで、さらなる被害が起きていることが多いんですよね。

「風評加害」というのがあります。社会学者の開沼博氏が環境省のフォーラム（環境省オンラインフォーラム「福島、その先の環境へ。」二〇二一年五月二三日開催）で述べたようです（本書・第2章第8節参照）。放射性物質に汚染されて危ないという風評が広がり、福島産の食べ物の買い控えなどが起きるのが「風評被害」です。「風評加害」の考えでは、その風評を信じて買い控えをする人はもはや加害者だというわけです。でも実際に放射性物質による汚染はゼロではないから、厳密には風評とは言いがたい。食品に混入することを含めて、国民全体がこの点では被害者です。それに対して、この件で国や東電は加害者です。その国がある意味ではこのフォーラムを通じて被害者である国民に、「原発事故を怖がるあなたたちは加害者だ」と言い始めていることになる。少なくともそうしたことを研究者が率先して論理立てしているとしたら、私たちは警戒しなくてはなりません。

市村　だって、私からすると、開沼氏の発言はおかしいですよ。避難し続けることのリスクを強調することで、放射線のリスクを軽視しているのではないでしょうか。生活環境が変わることも放射線も、危険を伴うものであり、その大小を比較する議論はできないと思う。まるで原発事故から逃れて避難すること自体が責められているようにも感じる。[1]

山下　だから、阿部さんの話もやはり、「復興被害」という問題に向きあってきた阿部さんに対して、「なんだあいつは」と思う方がおかしいんじゃないでしょうか。被害者であることは変わらないわけで、そのことを世間は忘れるべきではないと思います。

市村　原発被災地も津波被災地も同じなんです、そういう構造は。中途半端に現場を知っていて、被害者の受けた被害を否定し、加害側を正当化しようとする人や、強い者の側につこうと画策する者がいる。

　普通の人は学者に反論なんてできないですよね。そういう意味では、開沼氏も強い当事者じゃないですか、加害側としてのですけど。

山下　うん。これでパート1で出ていた安全とリスク、それと専門家との関係について、ここでもう一度考える必要が出てきました。原発と津波と両方の被害者に共通することとして。

4　この復興の形を決めたのは誰か

専門家が加害に加担するとき

山下　津波被災地の話でもリスクの問題が出ていました。リスクって確率ですけど、この確率を誰が出すかというと科学者が客観的に出すわけです。確かに客観的に出すけど、実は、これは非常に主観的なんです。その数値、パーセントなどをどう捉えるかは感受性の問題であって、暮らしの側の話です。科学は客観を示すことはできても、主観は当事者にあります。ところが、放射能の話や津波被災地の危険性の話も客観がすべてであって、主観を入れるなって言ってるんです。当事者はいらない。決めるのは当事者の向こう側にいる誰かだと。だがそれが誰なのかはわからない。わからないようにされている。

三浦　防潮堤の高さというのは、専門性といっても結構簡単な論理で決められてきたと思います。例えば、津波シミュレーションにしても、Ｌ1、Ｌ2（防潮堤）の議論にしても。そういうものが専門家の意図通りに使われてきたのかはちょっとよくわからないですが。

山下　関わった研究者には「そんなことまで私は言ってないから、私の意見ではない。そういうことを議論してはいない」という形で、はっきりとその場その場で責任を持って適切に発言する必要があるんだと思います。素人が言ったってまったく相手にされないけれど、研究者が発言すれば、そこから議論が始まっていくわけだから。その時、そこで出された結論が、ある人にとって良くないこととわかっているのに何も言わないとすれば、それは加害になると思う。リスク問題では、主観を入れずにものを言うことはできないということです。だから、加害と被害の白黒でいうと、やっぱり中間はない。その場その場でどちらにつくかを、研究者も自覚しなければいけない。そこにはメディアもやっぱり入ってくるかもしれない。

阿部　行政が事業を決めて、その事業に参画する人を当事者と決める。その人たちは支援の対象とするけども、事業に乗らない人は支援する対象ではないとした。研究者や支援者もそうした枠組みに乗っかってしまったところがあります。

雄勝町の復興支援に入った方々は、残念ながら防災の専門家でもなければ、漁村集落や田舎のまちづくりをやってきた方々でもなく、建築家です。デザインをする人です。そこは本当に間違えないでいただきたいですね。まともな建築家の方、まちづくりをやる方も大勢いらっしゃいます。実際被災地に入っています。が、雄勝の場合、入ってきたのは建築のデザインをやっている先生です。ところが、そうして入ってきた建築家の先生方が、行政と一緒に「他（の人たち）は入って来なくていい」「入らないでくれ」と排除したわけですね。結果として研究者が、支援者じゃなくてむしろ加害者になりました。その意味では「復興加害」をより強くしてしまった面があると思います。

復興予算があるから被災地に入って来る

市村　いわゆる「キラキラ系」についてもね、被災地との関わりを使わないんだったら、別に何をやろうが、好きにやったらいいじゃんと思う。でも、それをなぜか復興とくっつけて、国の復興予算を使ってやったりする。それなら被災者とか避難者にちゃんと対応した方がいいんじゃないかと思うわけです。

山下　なぜ被災地でやるのかというと、復興予算があるからですよね。そこで気になるのは、加害と被害でいうと、加害の方には私欲が入りますよね。復興の場合もお金が絡むので、誰かの私欲が入り込みやすい。私欲でいえば、原発事故に関して、東電の株主の話を避けることはできないと思います。資本の論理の中でこの事故は起きたわけですが、資本の論理も突き詰めれば単純に私欲です。東京オリンピックもまさしく、表向きは「みんなのため」ですけど、基本はやっぱりここでも金が欲しい人たちが群がっていたみたいですし。

だから逆にいうと、当事者性が曖昧というか、明確でない限り復興はできないし、加害を止めることはできないってことじゃないでしょうか。当事者性は本来、曖昧ではないはずです。目の前で起きていることは明確です。それをすり替えていくところに問題が起きる。もちろん「こうするのが一番だ」と思ってやったのに、それが間違いだったということはあります。でも間違いだけなら必ずしも加害ではない。直していけばいいわけだから。それが加害になるというのは、やっぱりその判断に私欲が入り、少なくとも〝自分かわいさ〟の感情で他者はどうでもいいとなるから、加害になるわけです。

メディアと国民

山下　このパート2の冒頭で阿部さんが「広く国民の皆さんの復興」になったため被災者排除が行われることになったということを話しました。では、一般の人々、市民、県民、国民についてはその当事者性はどうでしょうか。

阿部　「高台移転だけでなく、原地再建を」という私たちの主張は全国紙の朝日新聞、毎日新聞に記事として掲載され、「ヤフーニュース」などにも転載されましたが、そのコメント欄で私は「人殺し」と叩かれました。基本的に世間一般から私は「命を無駄にする人」という見方をされました。そうやって叩く国民・市民はどう考えても間違っていたと思います。(雄勝の)高台移転がどれだけの生活改変をもたらすか。命を守るために死ね、みたいな話です。

このとき世間は、「津波から命を守れ」という話だけに一気に振れたと思っています。町民の方々には、その経験とそれぞれの立場から様々な声がありました。外からの目では「命を大事にしない」と見えても、内部では色々な意見があったということです。住民側には多様な意見があったんです。

三浦　自分の場合、県や県民などについて意識をしたのは、もしかすると県知事選などの時だったかもしれないですね。国民と県民との境目もあまりなくて、イメージとしては県全体の雰囲気や社会全体の雰囲気が、(こちらの)物事すべてに影響を与えていると思っていたので、自分もそれを意識しながらメディアに映っていました。ただ津波被災地とか原発被災地とかに気をつかって何も言わない人たちもいる一方で、自分がかつてそうだったように、無関心というか、どこか遠い国の話のように感じている人、そういう人たちをどう巻き込むのか、関心を持ってもらうかということを気にしていました。「防潮堤を勉強する会」がうまくいって、そういうところから学んだことはあると思っています。

原発事故の向こうにいる国民

市村　富岡町の場合は、国や電力会社と対峙しました。しかも東京電力です。東北電力だったら少し違ったかもしれないですよね。相手が東京なので、事故が発生すると、地域の問題ではなくなってくるんです。東京の人も被災当事者だったと思います。象徴的なのは帰宅困難者と計画停電でした。

自主避難者をめぐる問題も厄介でした。自主避難者は福島市や郡山市の住民が中心ですが、富岡町の人たちは福島市や郡山市に避難しているので、玉突き状態になったんですよね。いわき市では「賠償もらって原発御殿」などと、仮設住宅にあった車に落書きされるということも起きて、正しい理解はされていないと感じました。

山下　国民の意識をどう感じていましたか？

市村　不理解だと思います。関心を持たれても不理解になる怖さがありました。無理解・無関心じゃなく不理解。なまじ知ったつもりになっているけどまったくの思い込みであり、理解ではないという意味での不理解の方が厄介だと思います。私たちが議論をすればするだけ、別のベクトルに向かってしまう怖さがありました。

そうやって理解してもらえない、こちらからすると間違った理解しかしてもらえない時に被災者は一体どうなるか。それは諦めになっていくんだと思います。「避難者・被災者と呼ばないでくれ」「(被災経験を)思い出したくもない」という話はよく出ます。それでもその人自身が復興して、状況を脱却していくのならいいと思うんですよ。そうではなくて、「いま置かれているのがあまりにネガティブな状況だから、思い出させるのを止めて」ということなんですよね。自分たちが経験した避難・被害については、諦めるしかないと感じている人が多いと思うんです。いや、「諦めることができない」ということを、周りが言わせないようにしているといった方がいいかもしれない。本当に諦めているのは、俺たちじゃなくて周り(世間)だろと言いたい。

私たちは諦めることはできないです。それは被災した経験とか、避難した経験があるからです。でも、支援団体などでも、むしろ彼らが先に諦めるんですよ。避難者対応や被災者対応で助成金が取れない場合に、「市村さん、そういう話じゃあ、お金を取れないんですよ」などと言われるんです。(被災者側ではなく)向こう側に立って。ならば自分も避難者だと言わない方が楽になるという気がしてしまいます。

復興に対する諦めではなく、避難当事者でいることへの諦めですね。
山下　周りが諦めるというのは、「諦め」とは違うかもしれないね。「いつまでやってるの?」という感じですかね。
三浦　「いつまで防潮堤のことやってるんだ」というのと同じですね。防潮堤は気にし続けるとおかしくなるので。最初はいろんな思いを持ってる人がいたけれど、だんだん気にされなくなりました。問題が共有できていたのはかなり以前の二〇一四年頃までです。防潮堤が完成して二、三年経ってくると、みんな問題視はしなくなります。
市村　住民はそうした不理解に一〇年以上、ずっと悩み続けています。避難先でいじめられ「避難者は出ていけ」と言われる。どこで調べるのかわかりませんが。汚染水の問題が注目されれば、またぶり返されます。汚染水を流すかどうかは国の問題なのに、私たち避難者のせいにされます。「(避難者なんだから)もっと反対しろ」と言われることもあります。

意図しないところで火中の栗になるんです。

今の自分は本当の自分ではない

市村　支援を受けるというのは、これほど惨めなものはありません。でも支援がないと生きていけない。町に帰れば着るものもあったし、米も山積みにしてあった。でも納屋の米は食べられないし、家にも入れなかった。今日食べる米がない。「七十数年生きてきて、こんなことは初めてだ」と語るおじいちゃんもいました。
山下　そういう支援を受けることの惨めさは、一二年が過ぎてどうなりましたか。
市村　自宅の解体除染(家屋などを解体して行う除染)が始まったことで強制的にケリをつけさせられたところがあります。解体除染をした後、そのことを示すA4サイズの紙が貼られた杭が立てられるんですが、それを見た娘が「家のお墓みたい」と言いました。支援がなくなれば惨めな思いをしなくて済むとは思います。避難者は避難者であり続けなければいけないのでしょうか？　本当の自分ではない自分の姿というか、被災していなければありえた姿が、おじいさんにも自分にも娘にもあったはずなんですが、それを受け入れなければいけない苦しさがあります。

原発事故や被災、避難のせいにしてはいけないと思う自分もいますが、一方で、避難しなければこういう本来の自分でない状態には陥らなかったとも思います。今の自分は本当の自分じゃないのではないかという疑念があり、そこから脱却しようと思うんです。

三浦　気仙沼に住んでいる人の多くは（今の現実を）受け入れて、次の日常の生活を暮らしていこうとしている。うまくこの社会問題を町として吸収して、これまで通りの日常を取り戻そうとしているわけです。だけど、社会のあり方として、これでいいのかという疑念は残ると思うんですよね。疑念というか、明らかにこれでいいわけではないという思いが。

防潮堤の問題をどう解決していけばいいのか、いろんな方に聞いてきました。二〇一三年頃、所属しているNGOの理事が、防潮堤の問題をキング牧師の話にたとえたんです。キング牧師の前にも名もなき牧師がいて土を耕していたおかげで、キング牧師は種を植えることができたという話でした。当時はいまいち納得がいきませんでした。自分たちの代では乗り越えられないという意味だと思ったんです。

ですが、その後、二〇一五年頃、大谷海岸の問題は前進しそうだったんですけど、防潮堤問題全般としては何も変わらない状況にあった時です。そうした、気持ちがあまり前向きでなかった時期に、アメリカのポートランドで庭師をしている方に出会う機会があり、その人に「あなたが活動で大事にしたい概念をもっとピカピカに磨き上げなさい。そして社会のテーブルの上に載せ続けなさい」と言われました。「それがあなたの使命だ」「来たる日に備えなさい」と。それは明日かもしれないし、五〇年後かもしれないし、一〇〇年後になるかもしれないと。私はその時も納得してなかったんですが、今となってはわかる部分があります。

市村　宮台真司さん(東京都立大学教授)にも同じようなことを言われました。子ども食堂の話をしていた時です。子どもの貧困に関して、今では多くの政治家が動いていますが、この問題は今に始まったことではなく、昔からありましたよね。でも、問題を指摘し続けたことで、社会が動き始めた。言い続けていれば、タイミングが来れば動く。テーブルに載せるではないけど、何も言ってないといざという時に動けなくなるよ、と宮台さんに言われたんです。

5　国策においては誰もが当事者である

被災地が草刈り場になる

山下　ではその上で、どんなことを、特にこの震災を知らない、3・11後のことしか知らない若い世代に言い続けるべきだと思いますか。

市村　「原発事故ってもう終わったものなんじゃないんですか」と言われるわけですよね、一〇年以上も経っていたら。避難指示は解除されたじゃないですか。ずいぶん前に事故収束宣言も出ていますよね、と。「いやでも、まだ事故は続いてるんだけど」って言わなくちゃいけないんだと思う。

テレビでも、復興している様子を前面に押し出して、被災地に人がいっぱい集まっているのを映すわけでしょう。だから、避難者に対して「あなた、何で帰らないんですか?」っていうのが今の若い人たちの認識だとは思っています。じゃあ、その子たちにどうやって説明すればいいんだろう。「テレビから流れているものが全部嘘で、普段はここには人はいないけど、お祭りだから集まっているだけ。でも、画面の中ではいっぱい人がいるから、日常的に人がいるように見えているだけなんだよ」と言えばいいんでしょうか。ここはいつも悩ましいところなんですよ、本当に。

当初の混沌とした被災後の状態からすると、今現場は相当綺麗になってはいるじゃないですか。四年も五年も放置された家なんかに住めるわけない。だから解体したわけです。でも、テレビで報じられているものを見れば、鉄道が再開した、人もたくさん来ている。復興できてよかったですね、と認識されてしまうわけです。でも、そんなふうに復興しているはずなのに、自分だけじゃなく、うちの町では一万二〇〇〇人近くがまだ避難している。そのことはどうなんだ、ということですよね。それは被災当事者にとっての復興とは違うものが、あの場所で発生しているからなんだけど、そのことがわかってもらえるのだろうか。

山下　「復興」という言葉の意味をもう一度正しいものに戻していかないといけないということですかね。そうでないと、復興に引っ掛けて私欲を肥やす人たちの土壌をつくってるようなもんです。コロナ禍で起きたのもそれです。このままでは被災地が次々と草刈り場になってしまう。

復興オリンピックという虚妄

山下　国策って、暮らしから遠いところにあるようで、実は皆が関わるとても身近なものなんです。国策には国民皆が関係しています。安易にそれを傍観せず、自分自身のものとして考える。結局はそういうことに尽きるのだと思います。それを怠ると、ある時に自分の身に大変なことが降りかかってくる。コロナ禍もそうだったけど、その中で開催された東京オリンピックは象徴的だよね。そもそも「復興オリンピック」なんてあり得ないはずだけど。

三浦　オリンピックの時はまだ防潮堤の議論をしていたので、オリンピックの方を向いている余裕もなく、実際の復興予算の使われ方がどうだったのかというところも追えていません。

市村　あの時は山下さんに、「東京オリンピックって、皆さん（被災地・被災者）のためにやると言ってるんですよ。どう思ってるの」って怒られましたよね。それにどう応えるのかって。

山下　オリンピックを日本に誘致する時に「復興オリンピック」として成立させてるわけです。あのオリンピックは東日本大震災の復興のためのオリンピックです。それが被災者のためになっていないとするると、あれは何だったんだって話に当然なりますよね。しかもコロナ禍で無理やり実施して相当な負債を日本は背負ったらしいけど、そのうちの一部（とはいっても大きな額）はどうも私物化されてしまったという恐ろしい話にもなっている。復興オリンピックは被災地のためのものではなかった？

三浦　それどころか当時は資材高騰が起き、あと事業者がいなくなってしまった。競争入札が結構大変で、いくつか合わせて事業を出さないと入札されないということが起きてました。

阿部　そもそもどうしたら、オリンピックをやると被災地のためになるのかっていうことを明確に示してほしいですよね。

山下　経済的な波及効果、公共事業を被災地にもたくさん用意したってことはあるでしょうね。でも何より世界から注目されて、復興したことを感謝しお伝えするってことだったんじゃないですか？

市村　「恩返し」ですからね。

三浦　復興支援を受けたことに対して、感謝を語る場だった。なんとも言い難いですね。

市村　よくわからないですよね。結局何のためにやったのか。

加害の連鎖を止める

山下　今、三浦さんの言葉に「復興支援を受けたことに対して、感謝を語る場だった」というのがありました。これはやっぱり見逃せない視点だと思う。

今までしてきた話は結局、国の支援を受けて、国民皆さんの復興予算で復興をやってきた。でも、それは自分たち当事者の声を反映したものとは言い難いものだったということですよね。もっと別な形でやればきちんとした復興ができたはずなのに、そうではない形へと歪められてしまった復興だと。その復興について、皆さんはこれをなおも「復興」と呼ぶことができますか？　この状態をもって「復興できました、ありがとうございました」って感謝を語ることはできるのでしょうか。

阿部　私ははっきりと「復興は失敗した」って言ってるので、支援への感謝は特段言っていません。感謝を強いられたこともないし、また感謝もしてないです。じゃあ周りの人(被災者)がどうなのかっていうと、みんな別に感謝もしてないと思うんです。「この復興って自分たちの復興だよね、そのためのオリンピックだよね」などと言っている人は、ほとんど知らないですね。

山下　でも、メディアなんかに出ると、みんなそう話すじゃないですか。メディアの中ではそういう話になるから。そして国民はそれしか聞いてないわけでしょう。そういうふうに思わされた人が悪いのか、そう話す人が悪いのか。あるいはそう語らせる者がいるのか。ともかくそれが真実でないとしたら、嘘の情報を流した者は加害者ですよね。メディアに聞かれた時に、ちゃんとした理論武装をしていなければ、復興したと思っていなくても、したと言っちゃうんじゃないかな。被災者にそう言わせる全体の空気があることが、そもそもとても気になります。そしてそこでは確かに、そう言ってしまった被害者は加害者になり得るのではないでしょうか。

三浦　オリンピックが「復興支援を受けたことに対して、感謝を語る場だった」のか、という問いの主語は国ですよね？

山下　国ですね。オリンピックの場合はね。

三浦　気になるのは、そこではある国が他の国に感謝を語る場だということです。つまり外交ですね。

山下　そうですね、その時にはね。その点では日本という国家が、海外に向けて示した「もう復興しました」「原発事故も大丈夫です」という嘘の方が問題かもしれませんね。ただ、「復興支援を受けたことに対して、感謝を語る場」っていうのは、オリンピックに限らず、震災報道のメディアでは常に用意されてきたものじゃないでしょうか。それを見た人は、何の悪気もなくてもそのまま素直に受け取るんだと思います。そうした報道自体に悪意はなかったかもしれないけど、このことによって何が起きるのかははっきり認識する必要があると思います。

要するに、被害者が加害者に転換することがよくあって――そういうふうに引き込んでいくメディアや世間が悪いのだと思いますけど――知らず知らずに加害に加担させられ、被害者自身が加害の連鎖に巻き込まれるようなことがあるのも事実だということです。どこかでこの連鎖は止めなければいけない。遠慮せずに、おかしいことはおかしいって被災者自身が言わないと、この連鎖は止まらない気がします。

市村　そうですね。なので、「頑張ってるから、ポジティブだから、前向いてるから」だけでは実は収まんなくなってるわけだよね。

国策の誤作動を防ぐために

山下　最後に読者に向けて一言いうとしたらどんなことですか?

市村　読者に向けて言いたいのは、いまや被災したら、人生や自分たちの生活が行政による政策に左右されるということですね。今までそういうことを経験したことはありませんでした。政権が変わっても生活に何らかの影響を感じたことはなかった。そうしたことがここまで自分に直結する事柄だとは思わなかったです。これは一個人としてだけではなく、町としてもそうだったはずで、これまで中央の官僚なんか話したことさえなかったのに、国会で話していることが生活や行政に直結してくるんです。それは怖かったですよ。

阿部　自分の生活とか人生とか、自分で決められるはずだったのに、被災者になった時には選別をされます。「裏切り者」などにされちゃうんです、それも元隣人からそう言われる。こちらは「地域に戻りたい」と言っているだけなのに。そのことが非常にしんどい。被災したら、ある日突然、いきなりそうなってしまう。そんなことがありうるんです。

市村　国策が、自分の生活に直結すると考えている人は、そういないと思う。だけど、理解してほしいなと思う。災害でなくてもそういう意味で、国策の当事者である点はみんなも同じだよということを。

阿部　その際、自治ってとっても大事だよ、ということも伝えたいですね。失ってみるとすごく大事なことだったんだと思います。

山下　国の仕組みはなおも壊れてはおらず、制度的にはきちんと保たれています。国民はこれを理解し、守る必要がありますね。理解することで正常が保てる。だけどその理解が十分でなくなったり、間違った理解をしてしまうと、国策そのものが誤作動を起こす。誤った決定がすべてを誘うことになる。

三浦　言いたいことは同じです。先ほど言われたことと重複するんですが、私自身も自治を問われて、活動しながらそれを学んでいったわけです。「防潮堤を勉強する会」の経験ですが、この活動で市民のリテラシーが高まっていった時に何があったかというと、行政の質も上がっていったんです。行政と市民が対話できる空間を気仙沼ではつくり出しています。そういうことのできる市民が生まれると、新たに議員もそこから誕生するわけです。自分のことを言うわけではないですけど。

国や県レベルでも同じはずで、県民・国民が知恵をつけていかないと、つまりは社会の構成員が当事者性をしっかりもっていないと、国の仕組み、社会の仕組みそのものが成り立たない。この震災の時のように突如として社会課題の当事者に陥った時に、本当に守りたいものが守れなくなるということです。

山下　逆にいえば、諦めの構図ができてしまうのは、読者を含め、多くの皆さんがこの社会の当事者性を放棄しているからではないのかということですよね。知らず知らず、もしかすると初めから諦めている。社会の仕組みを理解していないがゆえに、その諦めや不理解がいつのまにか加害や暴力になっていく。この震災ではそういうことが起きていたのではないかということです。

阿部　あえて言えば、私はそうした不十分な当事者理解こそがこの震災で起きたことの核心だったと思い、恨んでいます。読者の皆さんには、こうした当事者語りを踏まえた上で、「でも自分は放っといて」ではすまない状況があるのだということを強く訴えたいと思います。

第7章　復興における当事者性について

（山下）

被災当事者抜きの復興

東日本大震災・福島第一原子力発電所事故の当事者は誰か。本書ではこのことを考えてきた。震災から一三年を経てこう問うたのは、この間、多くの人がみなこのことで何か勘違いをしてきたのではないかと思われるからである。

東日本大震災の当事者は誰か。それは当然、これが災害である限り、あの日、大津波の危難にさらされた人たちである。原発事故においては、その爆発の危険から命からがら逃れた人たちであり（放射能の危険の回避は爆発からの避難のその次である）、これら震災／事故の被災者たち、避難者たち、被害者たちこそが、この東日本大震災・原発事故の当事者である。

社会学には、「当事者主権」（上野千鶴子）という考え方があり、「当事者研究」という領域も用意されている(1)。この文脈でいえば本書が示す議論はまさしく、被災・避難・被害当事者による当事者研究である。この震災・事故には確かに、被災当事者、避難当事者、被害当事者がいる。

ところが、この被災・避難・被害当事者の当事者性が、被災・被害を逃れて避難をし、それも現場から遠く、長期にわたって離れたことでいつの間にか曖昧になり、また原発事故の被害者性については政治的・制度的に、さらに意図的に解消されて、被災者・避難者・被害者はいつの間にか目の前からいなくなってしまった。

だが、被災者・避難者・被害者はいまもそこにいる。そしてその復興はなお成し遂げられていない。ところで「復興」には当事者が必要である。被災・避難・被害当事者の当事者性の剝奪は、別に復興当事者を必要とし、被災・避難・被害当事者ではない者の復興当事者化を促すことになる。復興事業が始まる中で、この震災・原発事故の当事者は、国が進める復興事業に携わる者たちとなってしまった。示された復興メニューに乗れない多くの人は、その当事者性を維持することができなくなっている。だがまたその復興に「乗れた」当事者たちも、その多くが被災者・避難者・被害者ではないのだから、つねに現場には違和感が漂い、単純にいえば、当事者なしの復興事業が進行していたということになる。(2)

まずはこう問うてみよう。こうした当事者なしの災害復興などありうるのだろうか。あるとすれば一体それはどんなものになるのか。

当事者のすり替え——復興フィードバックの欠落による政策の失敗

「火事場泥棒」という言葉がある。その意味は「火事場の混乱にまぎれて物を盗むこと」であり、またそこから転じて「他人の混雑やごたごたにまぎれて不正な利益を占めること」(『精選版日本国語大辞典』小学館)である。これを当事者論の観点から言い換えれば、災害時に被災当事者がそこにいない(いられない)のをいいことに、その当事者の財産や権利を自分のものにすり替えてしまうこと、ということができる。この震災における被災と復興の当事者のすり替えではさらに当事者そのものが入れ替わっており、いわゆる火事場泥棒をその先へと進めたものといえる。

復興の主体は当然、被災者であるべきである。国民の税金でまかなわれる被災者復興は、被災者を復興させるためのものである。ところがその復興に被災者の多くが関与できず、別の人が入り込んでしまっている。この一三年間に起きてきたことは、第一にはこうした形で記述することができる。東日本大震災では、復興予算約三〇兆円が計上され、使われたが、そのほとんどとはいわないまでも、多くが被災者ではない人々に流れたのではないか。このことは二〇二〇―二二年のコロナ禍対策でも見られ、いまやこうした災害を機とした公金の横流しは、ある意味では日常茶飯事といえるのかもしれない。国民がそれに対し、怒りを表現しなくなっているという意味でも。

もっとも、それでもなお、大規模災害には経済の停滞がつきものであり、巨額の復興資金の投入は景気対策としては機能したということはできるのかもしれない。だが、被災当事者を復興から外すことはそれで良しとできないという当たり前のことに、まずは注意を促そう。

被災者の復興外しは、当然ながら、復興政策や事業のフィードバックを不可能にし、復興そのものを実現不能にする[3]。当たり前だが、被災現場に人が戻らなければ復興は実現したことにはならない。東日本大震災では津波・原発事故で社会が根こぎにされた地域が多数現れており、そこでは多くの人が亡くなった。そもそも日本全体で人口減少が始まっている中で、そこに新たに人間を集めて入植させ、新たな地域社会を構築するなど、簡単にできるはずもない。

他方で、震災で多くの人が亡くなったといっても、これだけの津波災害で死者・行方不明者約二万人にとどまったということもできる。[4] 多くの人がこの大災害を避け、生き残った。だが家屋や仕事場は失っている。復興は、そうした人々の住居や仕事の場を再建することによってもたらされたはずだが、これまでの各章で確認したように、この「復興」は、そのままの再建を許さなかった。そのことによって復興は遅れ、人々は離散し、それとともに町の姿が変わって、人々が戻ることが難しくなった。

大きな災害の後、政府や行政、そして国民がやるべきことは、被災した当事者の声を聞き、当事者が「これなら戻れる」という道筋を見出して、それを支えていくことだったはずである。だが津波の現場では防災が最重要視され、被災者の復興はその次とされた。つまりは完全な防災を実現することで政策的に(意図的・人為的に)被災者たちを現地に戻りにくくしてしまい、しかもその上で早期帰還をも求めたのである。失敗は、矛盾した無理な復興政策を当事者たちに強いたがゆえといえる。[5]

原発事故でも同じことがいえる。ただし論理の方向は逆になるが。ここでは事故プラントの処理に見通しがつくまでは戻ることはできず、長期待避・順次帰還を実現することが求められた。しかし、政府・国民は対外的な目を気にしたか、賠償を惜しんだか、ともかく被災地の事情よりも国民経済の再生を優先して避難・被害の解消＝早期帰還を推進した。そして結局、多くの人が戻れていないのであり、これもまた矛盾した政策を強要したがゆえである。

いずれも政府の無理な政策に当事者たちは乗ることができず、被災当事者が復興の当事者になることを諦めていった過程として描くことができる。それをなんとか食い止めた本書・第1章第4節の大谷海岸の事例は、特異な例外であった。被災地の多くで人々は現地に帰らず(帰れず)、復興政策は失敗した。[6] 一三年が経ち、建設されたきらびやかなハードの陰に人はおらず、被災地の多くは更地となって無人の荒野が広がっている。

こうした無茶な防災至上主義、国家中心主義や経済至上主義を反省し、早い時点で帰還可能な被災者から順にきちんと帰還できる丁寧な政策に転換する必要が政府にはあった。しかし政府はそこでむしろ「復興加速化」を叫び、原発事故では避難指示区域の解除を急いで、そうした反省が入る余地を意図的につぶしていったといってよい。被災者・避難者・被害者の当事者外しは、復興主体＝当事者を見失い、復興政策の目標をも失うこととなる。復興の対象・目標となる当事者を失った時点で復興政策はもはや成り立たないのだが、それでもしゃにむに事業は進められて、現地の再生どころか、その破壊が繰り返されることとなった。現地の風景が一見、人の手が入って整序化されているのにもかかわらず、全体に生気が感じられず、無惨に見えるのはこのためである。

他方で、この復興には予算だけは潤沢に付いていた。この本来、被災者・避難者・被害者という当事者の復興のために使われるべき予算が、それとは別のことに使われたのである。被災者の復興がなければ、被災地域の復興もあり得ないのは道理である。繰り返すように、当事者がいない復興は、フィードバックを失い、復興主体を失って失敗することになるが、予算は付いているのでいつまでも復興事業は続けられ、事業がある以上、復興の当事者もまたそこにいる（はずだ）ということに、形式上はなり続けた。だが実はその復興主体の席もよく見れば誰も座ってはおらず、事業だけが消化された。今となってはこの復興は何だったのか分からなくなっている。むしろ本来の復興主体を解消することで「復興とは何か」を見えなくすることこそが、この復興を誘《いざな》った人々の真の目的だったのかもしれない。

当事者の絶対性とそこからの相対性

こうして復興政策の中で当事者が曖昧になり、すり替えられ、あるいは不在のままに復興は進められた。いや、確かにこの原発事故では、避難者とは誰かについて、最初から曖昧な事態は生じていた。政府からの避難指示は出されたが、その避難指示区域外からの自主避難も多数あり、例えば東京から沖縄へ逃げた人も現実にいた。暮らしの中で放射線被害から避難を続ける生活内避難は全国に、さらには国外にまで広がっていた。原発事故の発生を知らされた二〇一一年三月一二日、さらには水素爆発によって福島第一原発三号機の建屋が吹っ飛んだ映像がテレビで報じられた三月一五日以降は、日本国民全員が避難者であり、被曝者であり、被害者であったというべきである。

津波被災地でも事態は変わらない。都市ごと、町ごとごっそりと津波で流された場所もある(陸前高田市や大槌町など)。が、そこでさえもまた襲った津波の水位によって被害はまちまちであり、無傷で残った家もあった。しかし周りが流されれば暮らしは成り立たない。電気が止まる、必要な物資が来ないなど深刻な被害が生じていた。だが何より、震災を契機とした経済被害は全国に波及し、物流は停滞し、工場はストップした。さらに、その後の防災復興のために巨額の予算が組まれ、負担が国民全体の肩に大きくのしかかった。原発事故に関わる必要経費も電気代に上乗せされた。経済・財政上で見れば、国民全体がこの震災の被災者であったといえる。

このようにこの震災・原発事故は、その影響の巨大さによって、国民全体を被災・避難・被害当事者にした。ここで問題となるのは、では国民みながこの震災・原発事故の当事者だとして、その当事者性は均等・等分なものといってよいかということである。

しかも注意すべきことは、この震災・原発事故では、日本国民みなが当事者であるとしても、その一人一人の当事者性のあり方は決して曖昧でも不明確でもなく、むしろこの震災・原発事故の被災者・避難者・被害者の当事者性は、はっきりと明確だったはずだということである。

私たちはこの被害の当事者性の核心部分を知っている。それはこの災害による死者たちである。そして原発事故においては、地震津波の被害では生き残りながらも、原発事故からの避難の中で無念の死に至った人々が多数いるということである。この災害・原発事故は死と隣り合わせであり、実際に多くの人が亡くなったということに被害の核心はある。

津波による死の危険を回避して避難行動が行われ、その際の選択の自由や身の安全の確保のあり方とともに、自分の身体以外にも何を失ったか（それが肉親であったり、財産であったり、その両方であったり様々である）といったことによって被害・被災の高低を判断することができる。

同様に原発事故であれば、事故の核心地を中心として爆発の危険性という差し迫った危機があり、それを同心円的に想定してその被害性を測ることができ、核心地に近いほどその被害性は高く――すなわち、大熊町・双葉町・富岡町・浪江町の避難者の被害性は高く、いわき市や郡山市では相対的に低くなり、東京からの自主避難者もいたがその被害者性はさらに低まるといってよい[7]。核心に近い避難において、その過程で実際に亡くなったり、健康を害したり、あるいは心的物的損害・障害を被ったりする機会は多かった。津波においても、原発事故においても、絶対的な被害の核心に対する、それぞれの置かれた立場の相対化は明確にできるということだ。

だが、不思議なことに本書・第2章で見たように、いわき市や東京在住の福島出身の論者が、核心地域にある富岡町の住民に対して、より強くその当事者性を、あるいは当事者代表性を示してきた。被災・避難・被害の経験の有無とは関係なく、いま福島県にいる(居住している)かどうかが、復興の当事者性を決めるかのような議論さえそこでは行われた。避難し続ける者は復興の当事者ではないと。当事者論を行うにあたって、いま述べたような被害の絶対化とそこからの相対化が必要なのは、こういう大きな災害ではこのように、「私こそが当事者だ」という主張を誰もが行えることによる。

復興政策や被災者支援は、まずは核心の被災者・被害者に対して十全な形で行われなければならない。これに対し、「私こそが当事者だ」という主張を他に押しのけて行う者がいた場合、この当事者論は、当事者主権を攪乱し、大変有害なものとなる。このことが本書で行ってきた分析の要点である。

さて、このことはさらに次のように展開しうる。

まず、本書で当事者として登場している阿部・市村・三浦でさえ、この論理の中では絶対的な当事者ではないということだ。ここでいう絶対的な当事者、核心としての当事者は死んでおり、もはやその当事者性を示すことはできないし、復興や支援の対象になることもできない。

しかし他方で、彼らのように中核に近い場所にいる被災者ほど、被害の絶対的な核心部を知っているということはでき、かつその経験にはどうも閾《いき》があり、それを知っているか知らないかのどちらかしかない、ということだ。単純にいえば、あのとき津波に溺れ、もがき苦しみ助かった者の経験は、それを知らぬ者には追体験などできないものである。同様に、事故原発プラントのすぐそばから逃れた経験もまた、それを知らぬ者には追体験不能である。そして何より、いきなり心の準備もなく、肉親やふるさとを失うということがそうである[8]。

すなわち、被災・避難・被害の経験には、一方で絶対性があり、他方でそこからの相対性があり、それは直線的に並んでいるのではなく、経験には段階があるということだ。あの三月一一日からの数日間、双葉や富岡にいた者と、いわき市にいた者と、東京にいた者とでは、その災害の感じ方、当事者性はまるっきり違う。ある意味ではその核心の経験を持った者のみが、この震災・原発事故の被災・避難・被害当事者として、ものを言う資格があるということだが、私たちの言説界はそうなってはいかなかったということになる。

だが、問題の中心は、さらにその次にある。

絶対的な被災・被害に近づいた人はしかしながら、そうした経験を持ったことによって、口をつぐむことになるということだ。最も語る資格を持つ人は、最も語ることが難しい人なのである。

まず経験の過酷さそのものがしばしば口をつぐませる。それとともに辛い経験はむしろ、より辛い経験があることをも実感させ、「自分よりももっと大変な思いをしている人がいるのだ」という思いを募らせることにもなる。このことがしばしば他の被災当事者への遠慮にもなり、当事者の声を発しがたくしてしまう。いや、経験を語る言葉そのものがなかなか見つからないということが根本にはあるのだろう。

そうした人々、例えば身内を亡くした人に対して、「この場所ではもう二度と津波で人は死なせない。防潮堤はそのためにつくる」という話が出てくれば、これにその人が反論できないのは当然でもある。だが「もう死者は出してはいけない」という論理が、本当に、そこで亡くなった人のためなのかはすぐにその場で疑われなければならなかった。死んだ人は声が出せない。それを勝手に想像し、その声をつくり上げてはいないかと。それに対し、当事者に近い者こそが事態の本質に迫れるのだが、そうした視角を持つ人ほど、当事者への遠慮から、声を出すことを避ける傾向があるのである。この点については、本書の執筆者たちも同じである。声を出すには、それだけの勇気と、周りの理解やサポートが必要なのである。

声が出ないことと、声が出せること——声の出ない当事者、声の出る当事者

さてこの核心に近いほど声が出ないという現実、このことの重要性をより明確にしていかねばならない。真の被害当事者は声が出ない。まさしく死者には声は出せないが、生き残った者もまた今述べたように、その凄惨な経験から、周りへの遠慮から、そして何よりその経験の希有さが導くマイノリティ化によって、マジョリティに対する気後れが働き、声が出せなくなる。

このことは逆にいうとこうなる。声が出る当事者は、声が出せるという点において、被災・避難・被害においてその当事者性はより低いのであるが、この原理を知らない私たちマジョリティは、しばしば声が出せる人の声だけを聞いて、被災・避難・被害を考えがちなのだということである。さらにそれがマジョリティの考えにもなってしまうことで、声が出せない当事者の声はますます小さくなり、その声は私たちの耳から遠ざかっていくことになる。

社会学の中に「当事者論」や「当事者研究」がすでに構築されていることについては述べた。残念ながらそこでは、「当事者が語ることが大切だ」という素朴な当事者論しか想定されていないようだ。しかし真の当事者は語れない。このことは従来の当事者論が（なぜか）見落としてきた盲点である。当事者論／当事者主権論／当事者研究はみな、当事者が自分の声で語れることを前提にしている。当事者の声が大事で

ある、当事者が声を出し、それをまわりに伝えることが社会問題解決の第一歩になるべきだと[9]。だが、当事者の誰もが語れるわけではない[10]。

死者は語れず、語るという能力を失った生き残りもある。身体的には語れても、社会的には（立場として）語ることができない当事者が事件／事故の背後には多数いる。そして被災経験は精神を蝕む。むしろ当事者だからこそ、語れない、語ることができない、そのことを問題化することさえできないのである。それが当事者の当事者たるゆえんだとさえいえる。確かに語ることで救われることもある。しかし実際に「語ることができる」のはやはり恵まれた当事者なのであり、あるいは真の当事者から少しでも外れる立場に身を置くことができた（主観を離れて客観性を得られたことを含めて）当事者なのである。このことを十分に認識せず、ただ聞こえてくる声のみに人々が耳を傾けた時に、いったい何が起きるか。

語れる当事者が、語れない当事者の声を、その声の大きさゆえに排除し、真の当事者である者に成り代わって、より当事者性の低い者が当事者としての立場を主張するようなことが起きうる、ということである。東日本大震災・原発事故の現場ではずっと、こうした当事者のすり替え、成り代わりが起きてきたのではなかったかということだ。

繰り返すように、この本で語っている三人の当事者（阿部・市村・三浦）にもその危険はつきまとう。当事者論／当事者主権／当事者研究は、自らが当事者であることを主張することで真の当事者を隠蔽し、排除し、抑圧する可能性がある。当事者性はそれ自身がポリティクス（政治力学）なのであり、とくに二一世紀の日本ではこのことが強い政治的意味を持ちはじめているということに十分に注意しなくてはならない。

当事者排除の政治力学

東日本大震災・原発事故の復興過程における当事者外しは、一面では確かに意図せざる結果である。だが、ある面では政治的な意図が働いた作為の結果でもあったろう。今後の反省のために、このことを強調しておきたい。

この復興が当事者不在となった理由として、まず広域・長期避難をあげるのがとりあえずは正当だろう。被災・避難・被害の詳細が、広域・長期避難によって見えなくなってしまった。被災者に会おうとしても、現場近くの仮設住宅は要支援者で埋められており、また本来は善意から発した「みなし仮設」の制度が、今まで見えていた被災者を見えなくし、また被災者同士の関係を、構築しにくくもしてしまった。

だがそれでも政府をはじめ、メディアも研究者も支援者も、当初はその見えない避難者を見えるようにし、その関係をつなぎ、出せない声が出せるように、必死で応援していたはずである。

しかし、それでも声が出なくなっていった理由として、私たちは次の三つを考え、今後のためにきちんと検証する必要がある。

第一に、政治・政策現場では、当事者の声が邪魔だと次第に認識されるようになっていったこと。このことは特に原発事故に絡んで意識されていったように思われる。被害者である避難者に対し、国は加害者の側に立つ。その政府が選挙をにらみ、その失敗を認めなくなった時、現実を知る被害者には表から消えてもらった方がよいと認識したとしてもおかしくはない。政府が避難指示区域の解除を無闇に急いだこと、その解除と賠償の不可思議な連動は、後でふり返れば被害者の数字の上での解消を目指したものであり、その背後では復興を祝祭する東京オリンピックの開催や、原発再稼働への準備までもが動いていた。

第二に、国民が原発事故や津波被災地の存在を次第に疎ましく感じるようになっていったということはなかったか。当初、同情を集めた被災者・被害者たちに対して、そこに支払われる賠償や多額の復興予算を重たく感じ、そもそも過疎地であるこれら東北沿岸部に、今までと同じ町を再建しても意味がないという論理が一部に展開されていたことは記憶しておいてよい。二〇一四年の地方消滅論（増田 二〇一四）もこの文脈の中にある。[11] そうした被災当事者外しが結果として復興政策の失敗につながっていくのだが、さらに第三に、被災地に人が戻らないこと自体を政策の失敗ではなく、被災者・被災地の失敗であるかのようにみなし、国民が被害者を加害者のように感じていった経緯までもがありそうである。

ところで、こうした国家・国民の被災者に対する感情の変化には、そもそもこの国の政治をめぐる国民認識の変化が強く関係していそうである。二一世紀に入り、競争と淘汰が強く意識されるようになる中で、強者が弱者を駆逐することが社会全体にとって良いことだというだけでなく、多数派は強者であり、少数派はしばしば弱者であって、その少数の弱者のために大勢の幸福や存続が脅かされることはあってはならないという強迫観念さえ芽生えるようになっていった。その中で生じた被災者というマイノリティの出現。この人々を支えるのに、なぜ多くの国民が苦しまなければならないのか。例えば福島県では、原発事故の被災地は人口にすればたったの数万人であり、全体からすれば大きなものではないという言説までもがあったという。こうして、被災者・被害者が国民に対する加害者であるかのような論理にも転換していくことになった。

「被害者が加害者に」とは妙な事態であるが、その実例をすでに本書・第2章で「風評加害」の中に見ておいた。繰り返しになるが、ここで問題は、「風評被害」とはいわれながら、現実に食品は汚染されているのであり、福島第一原発事故で漏れ出した放射性物質が紛れ込んでいるのは紛れもない事実であって、決して風評ではないということである。それを危険と感じるかどうかは、世論を含め、それぞれに任せるべきであり、加害者である国や東電がそれを「風評だ」と決めつけることはあってはならないということだ。風評被害を主張できるのは、その商品を生産し、かつその安全性を検査等で徹底して証明している生産者やそれを支える自治体（つまりは被害当事者たち）だけである。[12]かつその商品が現実に売れない場合、その責を認めて補償するのはやはり国や東電の責任である。その国が率先して「風評だ」と主張するだけでなく、加害者が被害者にむかって「お前こそが加害者だ」と言い始めている。

この問題について私たちはしばしば幻惑されているので、もう少し問題を解きほぐしておこう。これはたとえていえば、こういうことなのである。他人の商品を、それが過失であれ、例えばペンキなどで汚した人がいたとする。その加害者が商品を勝手に（被害者の許可もなく）洗い流した上で、「もう綺麗にしたから大丈夫だ、多少汚染されていても基準値以下なので安全である。なのに、この商品を安全ではないとして買わないとしたら、それは買わない者が悪いのだ」などと言ったとしたらどうだろうか。すなわち、「これは風評による被害であって、私には加害の事実はない」というわけである。それどころか、この加害者がさらに「この商品を買わない者こそが加害者だ」とまで言い始めたというわけだ。

さて、ここで被害者に対する加害者という言葉が出てきた。

私たちはこうして、従来の当事者研究が忘れているもう一つ大事なことを指摘する段階に入ったようだ。私たちは当事者という場合に、次のことをしばしば忘れているようである。それは加害当事者というものの存在である。そして今見たように、「当事者」としての主張の中には、被害者を加害者にしてしまうものまで現れている。当事者はこうしてより広く両義的である。実際に、被害者が声を上げたら加害者にされてしまったというのはよくある話である。当事者が主張すればよいというこれまでの素朴な当事者主権論はだから、もしかするときわめて危険な論理だとさえいわなくてはならない。

加害者という当事者

同様に私たちはどうも、災害当事者というと、被災者・被害者のみを思い浮かべてしまうようだが、少なくとも被害者がいるということは、そこには加害者がいるということである。

原発事故は人為災害であり、ここには明らかに加害者が存在する。それはまずは東京電力になるが、その背後には国があり、国民がいる。

これに対し、地震・津波災害は地震や津波という自然現象が原因だから、ここには加害者はいないようにも思われる。だが、そこにはまちづくりや防災対策という契機を通じて関連する人々が多数あり、この当事者たちが被災地のその後の復興・防災に広く、深く、本質的な形で関わってきた。国・県・市町村行政とともに、工学・自然科学・経済学・法学など実学領域の研究者は、政策を(暮らしている当事者とは別のところで)決定する当事者であるが、これらの強い当事者性(決定当事者)もまた――これら関係者の自覚も含めて――これまで見落とされてきたようである。

そして、復旧・復興を支える資金源を捻出してきたのは国民であり、また放射能が広く列島を覆ったことによって、国民はすべて原発事故の被害当事者である。だが、この事故の責任やその後の復興政策を進めてきたのもまた国であり国民だから、ある意味では国民もまたすべて加害者なのであった。さてこの一見、誰もがみな被害者で加害者でもあるという現実が、事態の認識をさらに難しくしてきたようである。先ほどこの災害では、被害者を加害者でもあるかのように捉えるようなことがなかったかと問題提起してみた。加害当事者という視点を得たいま、このことはさらに深く考えてみることができる。

原発事故では、被害者である住民が、「原発の恩恵を受けてきた人たち」という点からあたかも加害者であるかのように扱われてきた。このことが被害当事者の声が出ない原因になってきたことを思い起こすのはとても大切である。

そして津波被災地でも同じことが起きていたようである。「危険な場所に住んでいた」ことは加害なのであり、津波で被害を受け、その被災地の復興を国民全体で支援しなくてはならなくなったことによって、津波被災者は国に対する加害者でもあるかのように扱われてはこなかったか。それゆえにこそ「危険な場所には住まわせない」と、上からの決定は正当化されてきたのではないか。「あなたたちがそんなところに住んでいたから、私たちはこんな負担を強いられることになったのだ」と。

だが、これらの論理には容易に反論できる。原発事故についていえば、その恩恵を受けていたのは実は首都圏の住民であり、首都は日本の中心だから、それは国民全体を指す。原発で働こうが、都内の企業で働こうが、その給料が安かろうが高かろうが、ともかく働いて対価を得ていたことに何の違いもない。原発は事故が起きないことが前提とされていたのであって、これに対し、事故を引き起こした東京電力は明確に加害者である。するとその電気を買っていた首都圏の住民もみな加害者だということになるはずだ(13)。だが加害者であることがはっきりしている者ほど、自分の責任を被害者になすりつけようとするものである。おそらく大衆によるそうした無意識的な深層心理が、スケープゴート（犠牲の生け贄）としての被害者を求めたのであろう。

津波被災地についても、反論の手掛かりは首都圏の暮らしから得られる。人口密集地帯ほど災害にもろい場所はないからである。コロナ禍もそうであった。東京の都心ほど弱い場所はない。人口過密地にいる人ほど、そのことがもっている危険を隠し、人口過疎地を攻撃しようとするといってよさそうである。東日本大震災は一〇〇年に一回というスパンのものではない。一〇〇〇年間隔の現象である。「想定外」から始まったこの震災において、その責任を押しつけ、これを想定内に収めるために、もうそこには住まわせないとして本来持続可能な地域社会をいくつも破壊してしまった。

それゆえ、こう問うことは許されよう。こうして防災を徹底化した後で国民の生命は果たしてその前よりも安全になったのだろうかと。だがこの大津波でも、地域社会と災害文化こそが命を救ったのであって、ハードがすべてを守ったのではない。防潮堤のようなハード施設も、社会や文化によって、つまりはそれを担うべき人間がそこに住んでいてはじめて機能するものなのだという当たり前のことを、私たちはどうして理解できなくなっているのだろうか。

しかし何より問題なのは、近年、国民の税金を使っているのだから、復興は被災者のためでなく、国民全体のために行われるべきだという意見が、どこかこの社会の底辺で燻《くすぶ》っていることである。復興事業は、本来救う必要のない者を救おうとして、無駄な税金を使っているのではないか。こうした機会に淘汰されるべき弱者を、わざわざ助けているのではないかと。

しかし災害支援は、まして被害者救済は、救済することが目的であって、災害直前の状態に戻すことが復旧・復興の目標でなくてはならないはずである。相手がどうであろうと、災害下ではとにかく救うことが求められ、相手が救うべき者であるかどうかなど、そもそも判断できるものではない。ところが、そうした被災当事者への向き合い方を忘れて、国民国家にとって役に立つ者だけを救うべきだという考えに国民自身が変わりつつある。しかしこれは大変危うい考えである。

というのも、自然災害では誰もが被災者になりうるからである。被災者支援は国民間の支え合いである。まして原発事故は国が起こした重大な失敗であり、国にはその被害を補償する責務があるわけだ。だが、もしそうした助け合いや、国の責務が、その時々の都合で選択されたり、されなかったりしたらどうなるか。ある者は救うが、ある者は救わないと誰が何を基準に決めるのか。そんな権利が誰にあるのか。それどころか、現実に起きてきたのは、まさしく火事場泥棒の先を行く事態であって、被災者を救済するため、被災地を復興するための資源が、全く違う目的のために流用され、被災地を復興させるどころか、これを破壊する力として働いてしまった。巨額の資金が投入されながら、それが被災・避難・被害当事者のために使われていないとすれば、いったいどこに消えてしまったのだろうか。

ここで起きているのは「復興」という名の加害・暴力である。しかもその先に、災害を奇貨として、救済復興のために集められた国民の財にたかり、事業を通じてそれを自分のものへと流し込んでいく、そうした奇妙なカラクリが我が国には存在しているということである。このことは、その後に起きたコロナ禍で、はっきりと顕在化したといってよかろう。コロナ禍の業者支援は、国民の行動自粛を呼びかける政策災害の犠牲者の救済であり、彼らは自然災害ではなく人災の犠牲者であった。その被害者が必死で生き残ろうと努力することに対し、それを加害であるかのように取り扱うことはなかったか。

しかもその裏側では、コロナ禍の災害特需で潤った業種があり、そちらには巨額の報酬が流れた。アベノマスクや、感染者との接触を知らせるアプリ・ココア（COCOA）のように、政策そのものがお粗末であったり、果たすべき効果を果たすことができなかったものであっても関係者には利益がもたらされた。だが東日本大震災で慣れてしまったのか、国民はこうしたことを痛いともおかしなことだとも感じなくなってしまったようだ。しかし、こうして行われる国家の傍若無人に対し、多くの人が黙って見ているだけだとしたら、その先に何がもたらされるだろうか。

というのも、近代国民国家の中ではこうして、誰もが被害者になり、また加害者にもなるのだが、一つ一つの事象をとってみれば、私たちにはそれが加害になるのか、それとも被害になるのか、その二つに一つしかないからである。私たちは事態をただ傍観するわけにはいかなくなっている。私たちは「傍観する」ことを含めて、何かを選ばなくてはならない。言い換えれば、それが本当の意味で国民全体のための行為なのか、ある一部の人々の、ある利害のためだけの行為（に加担すること）なのか、という選択肢しかないということだ。何かの加害の現場には、すなわち暴力や掠奪が行われている真っ只中には、その被害・加害関係にグレーゾーンは存在しない。起きている暴力＝被害（被害者）に対し、被害者の側に立っているか、それとも加害者の側に立っているのかの二者択一しかないのであって、それ以外の選択肢はないということである。

グレーゾーンはない――アウシュビッツの残りのもの

本章でここまで行ってきた議論は、その導きの糸に第二次世界大戦時のユダヤ人収容所の問題を読み解いたプリモ・レーヴィやジョルジュ・アガンベンの分析を用いている。[14] いま出てきた「グレーゾーン」はそのキータームの一つである。ここではその議論をたどることから、東日本大震災・原発事故がもつ不気味な問題の深淵をさらにたどっていくことにしたい。

「グレーゾーン(灰色領域)」は、プリモ・レーヴィの行った収容所の分析の中でも最も印象深い箇所である(レーヴィ 二〇一九)。収容されたユダヤ人たちには、灰色の地帯があるとレーヴィはいう。すなわち、ユダヤ人でありながらナチスに加担し、ユダヤ人の虐殺に手を貸した者たちがいたということだ。殺されたユダヤ人が白であるのに対し、殺す側のナチスが黒であるのは間違いない。しかしその間に灰色の地帯があって、彼はこれをグレーゾーンと呼んだ。その代表例がゾンダーコマンドである。

ナチスはユダヤ人を殺害する際に、自分たちの手を直接汚すことはなかった。ユダヤ人自身が同じユダヤ人を地下に誘導し、服をぬがせ、ガス室で殺した。その服や持ち物、身体の中(口や肛門や膣)から金品を抜き取ってナチスの財産とする、その過程もゾンダーコマンドの仕事である。ゾンダーコマンドがいなくては収容所は成り立たない(チェア、ウィリアムズ 二〇一九)。

さてこのグレーゾーンは、ある面から見れば、被害者も加害者になりうる、そういう面を表しているように見える。実際そうした不条理を描いていると解釈されることも多い。

だがその文章を注意深く読んでいくと、レーヴィが言っているのはそういうことではなく、むしろ逆のようである。彼が言っているのは、白でも黒でもないグレーゾーンがある、ということではない。そのように見えるグレーゾーンだが、実際には加害者と被害者の二つしかないと言っているのである。

加害が発生し、被害が発生している現場に、すなわち一方的に暴力が行使され、掠奪が行われている現場にグレーゾーンはない。あるのはその暴力に加担する加害者か、その暴力を受ける被害者かの二つに一つである。グレーゾーンにある者もそこでは態度を保留することはできない。すなわちその暴力を見て見ぬふりをすることで容認し、暴力に加担するか、あるいはその暴力を止めようと抵抗して自らもその暴力にさらされる者となるのかの、二つに一つである。

私たちにとっては、非常に身近な「いじめ」の現場が、このことを考える例としてはよさそうである。いじめが現に行われている場面において、見て見ぬふりは加害と同じである。そこで「やめて」と加害者を制すれば、自分自身が被害者にまわるかもしれない。暴力を阻止できなければ、いじめは自分にも及ぶ可能性がある。だがそれを見ぬふりをすれば、自分自身が加害の側につくことになる。加害・被害の現場にグレーゾーンはない。被害者と加害者の二者がいるだけである。

したがって、ゾンダーコマンドもグレーゾーンにはいられない。ナチスの暴力に加担している限りは加害者である。しかしまたゾンダーコマンドは、すぐに被害者にも転化する。レーヴィが言っていることはこうだ。ゾンダーコマンドはナチスに加担して加害者となっているが、彼らがそれでいい思いをしているなどということではなく、絶対的な加害者を前に抗えずそうふるまっているのにすぎない。この強要された加害者は、こうした犯罪的な収容施設の内実を外に知られないよう、最終的には確実に殺される仕組みになっていた。同胞を裏切ってナチスにつき、身の安全を図った人も中にはいたかもしれない。しかしどんなに取り入っても、ユダヤ人はユダヤ人であるがゆえに最後は殺された。

ところでこの場合、ナチスによるユダヤ人の扱いは、ただそれが非人道的だということにつきない。アガンベンの分析に従って読み解くのなら、このことは国家と国民の関係性に深く関わるものである。

私たち近代人は国家に依存して生きている。国家の保護のもとに、国家によって、国家に参加して生きている。だがその近代国家は暴力を内在する。国家が、ある国民に対する関係をとりやめ、その国民を国の保護から切り捨てる（境界のむこうに追いやる）時、その人間はもはや生きていくことはできない。国家の内と外の境界線で、国家はその暴力を顕在化させる。それがナチスに排除されたユダヤ人の運命であった（アガンベン 二〇〇三）。そしてこのことは、日本においても例外ではなく、例えば薩摩侵攻後の琉球／沖縄や、アイヌ・蝦夷地《えぞち》／北海道に対してふるまってきたこと――いままさにやっていること――である。

いまや国家が人々の生き死にを含めてその運命を握っている。その境界線では様々な暴力が発生しやすくなっており、それに絡んで私的な掠奪や横領が行われやすくもなっている。しかもそれは、近代民主主義国家が絡んで行われている以上、かつての王やその側近の恣意性によるものなどではなく、その国の国民一人一人が関わって実現されているものである。このことをもう一度、東日本大震災・原発事故の被災地に戻って考えてみることにしたい。

被災者は被害者か、加害者か

まず福島についてみれば、先のゾンダーコマンドの役割こそ、福島県民、それも避難を強いられた福島第一原発周辺の人々であったといえそうである。

原発は国策である。この国策の恩恵を受けるのは日本国民全体である。特にその電気は、東北に発電所がありながら東北管内で使うのではなく、首都圏で使っていたのであった。まさしく国家の首都を動かすためのエネルギーを供給していたのが福島の原発群であった。

だがこれが被害・加害ではなく、正常な関係として成立しうるのは、すべて事故がない限りにおいてである。[15]　事故が起きることで、その関係の本当の性格が明るみに出てくる。そこで現れたのは、この原子力発電所に協力してきた人々の切り捨てであった。事故はなかったかのように扱われ、被害はなかったことにされ、一方的な賠償で関係に終止符を打たれた。彼らはここでは被害者である。これに対し、同じく避難をしていても、事故発生を早くに知り、自分たちだけ先に逃げた（東電などの）関係者は、他の人々にそれを（知らせるべきだったのに）知らせなかったことによって、先のゾンダーコマンドと同様に（それが致し方のない判断であったにせよ）加害者性を帯びることとなる。

これに対し、すぐに逃げることもできず、取り残された人々は、加害者ではなく被害者である。この事故の最も核心にいる被害者だといってよい。だがその被害者を、グレーゾーンにいるかのように扱い、加害者のように捉え、この国・国民は行うべき支援や払うべき賠償を早いうちに打ち切って、復興当事者からも外していった。この国・国民が行ったことは明確に加害行為である。だがその被害当事者たちは、ほとんどの人が声を出さずに、ひっそりと避難先で、しかもその避難を隠して暮らしている。その被害を訴えれば、国民・国家にたてつくように映るためでもある。ただしなお国がすべてこの人々を切り捨てたともいえない。例えば、なおも避難者救済として機能している制度に原発避難者特例法（本書・第3章第3節参照）がある。特にこれによる住民票の存続が、被災地と避難者との大事な絆となっている。この法を崩してはならないということ、むしろその不備を問い、そこから救済の第一歩を踏み出す必要があることを、繰り返し述べておきたい。

こうした事情は原発事故だからともいえる。が、津波被災地でも本質的なところは変わらない。被災者には国の防災・復興政策に乗るか乗らないかが突きつけられ、政府の政策に乗れない者は、復興の当事者にはなれないことが示されてきた。復興の当事者になれない者は、被災地から離れ、新たな生活を模索するしかない。そして被災地から離れることで、被災者である資格を失うわけである。だが、これは人々が選択したことではない。国・県が一方的に住むなと決めつけ、追い出したのである。しかもその追い出したあとの場所が空き地になったり、綺麗だが人気《ひとけ》のない施設になったり、あるいは被害者ではない人々が活躍する場になったりしていることが問題なのである。さらに、この地にもはや当事者たちが関わることが難しくなっていることが問題なのである。

誰のせいで、何のためにこうなったのか。それは日本という国のためである。しかし国家は、ただ人々をその土地から追い出しただけで何もしてくれず、自分の生命は、その暮らしはなおも自分で守らなければならない。他方で、あの津波でも多くの人は生命をとりとめた。ならば元にいた場所で元の人々との関係で社会を続けることをなぜ許さないのか。単純にいえば、そこには取り立てて強い理由はない。近代国家にはそれができるので（権力として技術として）、そうしたまでのことである。こうして政策は失敗したが、その責任は一切問われることなく、あたかも被災者が悪いかのようになっている。それどころか、そもそも存続する価値のない地域だったからなくなったのだ、とさえ。そして多くは無人の浜や河口に、巨大な堤防が徹底的にはりめぐらされてしまった。

この近代国家はいまや国民主権で動いており、国家主体とは国民主体のことである。国民は一人一人だが、一人一人の国民はまた総体としての国民と向き合っている。そして総体としての国民は、例えば福祉や教育の現場がそうであるように、あるいは災害や犯罪を前にして消防や警察がそう向き合ってくれるように、一人一人を育み守る国家でもある。国家は、総合的な機構を通じた、全体の助け合いである。しかしながら、巨大津波と原発事故を通じて私たちには別の国民像が頭をもたげ、それがいま新たな社会不安へと私たちを誘い始めているかのようである。

原発事故でも津波災害でも、復興を進めるために被災・被害当事者が邪魔になり、避難を続ける人が邪魔になった。初めからそうだったのでもない。分水嶺を東京オリンピック開催宣言時に置くのもよいだろう。原発事故はアンダーコントロールされている（統制下にある）と国際社会に向かって明確に表明され、放射能汚染水を処理水と呼び、「汚染水」という言葉そのものを言葉狩りするようにもなっていった。

これらを通じて避難者は数としてはいなくなり、また存在としても自らを明示できなくなっていく。被災者がいなくなるので災害は終わったかのようだが、一方で現地に人は戻らないので（戻れないので）復興は終わらず（終われず）、しかも現地では復興という公共事業がなくなると困る事態にもなっているので、復興を終わらすわけにもいかなくなっている。この復興事業が当の被災者のため、避難者のため、被害者のためであったらよいのだが、復興事業がなくなって困るのは、いまや当の被災地なのでもある――このことについて国民の多くは知っていながらも、目を背けてきたのではないか。もしそうだとすれば、それは加害である。

避難・被害の継続と被災の経験――回復する力に気づく

しかし、どんなにそれを隠しても、そしてそこからどんなに逃げようとしても、起きたことはなかったことにはできず、被害も現実に存在しており、避難はなおも続いている。

しかも興味深いことに、こうして声は上がらないのだが、被災地では何が必要なのかを人々は知っていて、着実にその準備をしてきたということだ。第Ⅱ部で追究したのはこのことである。被災地・被災者がその生命をすでに失っているのならもはや何をやっても取り返しはつかない。しかし社会は生きており、人々はその社会や文化を、より若い世代へと着実につないでいこうと、この大破局の後でもおそらく無意識のうちに準備し、活動を続けている。

生き残った者たちは、実は何が大切かをよく知っていて、二度とそこに住まないという判断をするよりは、帰れる者が順に先に帰って、若い世代につなぎ、年月がかかってもいつの日か地域社会や文化がそこに再生されるよう試行錯誤を続けている。そこには〝ホールド〟の力（本書・第4章参照）が働いている。日本の社会は定住志向が強く、一度住んだ場所には取り込まれて、いったん外に出てもそこに戻ろうとする力が働くためだと理解してよさそうだ。

日本の政策は、人にではなく土地に結びつけて行われる。そのことで今回のような失敗が起きたともいえる。人間よりも地域社会が重要だと。だが他方で、人々もまた土地に結びついており、それによって日々の選択を決めているので、政策のあり方を少し被災・避難・被害者寄りにするだけで、本当の復興を実現する心ある政策にも転換することは可能なはずである。

逆にいえば、そうした論理が表に現れぬまま、政策にも反映されぬままにいる限り、被災地のみならず、日本という国の公共政策の現場は今後も失敗を続けるに違いないということだ[16]。

問題の核心は今、日本の社会では正しいことは正しい、間違っていることは間違っているという声が上がらなくなっていることにある。いやそうした声を上げても、政治・政策や世論によって踏みにじられ、共有されない偏狭さを持ち始めたというべきであろう。すなわち私たちに求められているのは次のことなのである。

国家暴力が行われやすくなっている。国策や公共政策を通じた掠奪が生じやすくなっている。それもこそこそと裏で行われるのではなく、堂々と表でそれが始まっている。その中で私たちがなすべきことは、それはやってはいけないと、はっきり言うことである。沖縄の基地問題もしかり、人口減少・過疎過密の議論もしかり。差別や不当な押しつけはあってはならず、その背後に生じ始めている、一部の人だけが持つ不適切な優越感などははっきりと否定されねばならない。

私たち一人一人がしばしば国家を通じて加害者の側にいることを自覚すること。その自覚を持って加害者であることをやめ、被害者の側に立ってものごとを考え、声を出していくこと。

被害者こそ声が出せない人たちである。当事者主権とは、当事者が声を出すというにとどまらず、声が出せない当事者の声を見つけ出し、その声を上げやすいよう支え、場合によっては代わりに声を上げ（証言、あるいは代弁）、人々の弱者性を少しでも回復して、元に戻していくことである。その中で出てくる再生や復興の手段こそが、閉塞している私たちの社会の全体をよりよく変える手掛かりとなるだろう。

だから、私たちはある意味で、みな国家の（潜在的／顕在的）被害者である。私たちはその被害から生き残ってここにいる。生き残った者は自分自身のことだけでなく、亡くなった者のことを含め、起きてきた事態をしっかりと受け止め、そこから逃げず、被害を被った人（自分自身も含む）が元に回復できるよう、協力していく責務がある。それは、私がその立場になったときに助けてもらえるという権利の行使を確立することでもあり、二度と同じ過ちを繰り返さないようにフィードバックの回路を確保していくことでもある。そのためにも、弱い人々が自分の声を出しやすい環境をつくり、逆にそうした声を抑圧する力に抗することが前提になる。

本書では三人の当事者（阿部・市村・三浦）に、東日本大震災・原発事故からの出来事を振り返って、その思いを余すところなく語ってもらった。いやなおも語れぬことがあったようだ。他方で彼らの語りは彼ら自身のものでもなく、そのむこうにいる多くの被災者・避難者・被害者の代弁であり、彼らが見た、国民が知るべき事実の証言である。

この声を引き出すために、本書の執筆者ほか多くの研究者が関わってもきた。この先に私たちがなすべきことは、こうした声から当事者発の復興が次にこそ実現できる態勢を整えることである。それは法や制度である前に、まずは論理の姿をとる。そうした論理の形成に研究者はみな間違うことなく関わる必要がある。そしてこのことが単に弱者救済を目指すのではない、私たちの公共政策がきちんと適正なものになっていくための唯一の道筋なのである。

国家も自治体もメディアも研究者もみな、今の日本社会では加害者にもなれば被害者にもなる。一人一人の国民からしてそうである。それに対し、助け合い、共生する社会を着実に構想し実現していくことこそが、本当の意味での当事者主権を確立することにつながるだろう。そこでは加害者・被害者とは別に、みなが正しく何らかのかたちで当事者である。(17)

注

第1章

（1）本章は、日本学術会議社会学委員会「災害・復興知の再審と社会的モニタリングの方法検討分科会」での取り組みの一環として執筆した論文をもとに、大幅な加筆修正を加えて作成したものである。詳しくは、横山・山下他 二〇二三を参照。

第2章

（1）本章は二〇二一年四月に note に発表した論考「当事者排除の「復興」とは…?（連載第一〜三回）」（『Study Circle of Emergency and Society（エマ研）』）に大幅な加筆修正を加えて作成したものである。
（2）福島県の浜通りとは県東部の太平洋側沿岸の地域のこと。福島県は山地によって浜通り、中通り、会津の三地域に区分されている。
（3）「福島・国際研究産業都市（イノベーション・コースト）構想」とは、「東日本大震災及び原子力災害によって失われた浜通り地域等の産業を回復するため、新たな産業基盤の構築を目指す国家プロジェクト」（福島県庁）とされる。二〇一七年五月、「福島復興再生特別措置法」の改正法が国会で成立し法定化された。廃炉やロボット・ドローン、医療関連、航空宇宙などの研究や産業集積、人材育成によって、浜通りの新たな産業の基軸とすることを目指すとしている。
（4）ここで言及した「風評加害」について、詳しくは以下の記事を参照。環境省ホームページ「福島、その先の環境へ。」、同ホームページ「ぐぐるプロジェクト」、朝日新聞デジタル「「風評加害者」って誰？　汚染土利用に漂う不安な空気」（二〇二一年九月三日）。

第3章

（1）本章第2節は、山下 二〇一七・第7章、および横山 二〇二一aをもとに、横山が大幅な加筆修正を加えて作成したものである。
(2) 国と県の関係については、岩手県と宮城県で事情は違ったと考えている。詳しくは菜田 二〇一八、もしくは本書・第6章、一七〇頁を参照。
(3) 避難指示区域の概念図(二〇一一年四月二二日時点)(経済産業省ホームページなど)。
(4) 避難指示区域の概念図(二〇一三年八月八日時点)(経済産業省ホームページなど)。
(5) 復興庁(二〇一二年九月)「原子力発電所の事故による避難地域の原子力被災者・自治体に対する国の取組方針」八頁。
(6) 避難指示区域の概念図(二〇二三年四月一日時点)(経済産業省ホームページなど)。
(7) 原子力災害対策本部原子力被災者生活支援チーム(二〇一二年七月)「避難指示区域の見直しにおける基準(年間20 mSv基準)について」四―七頁。
(8) 環境省(二〇一三年一二月)「原子力災害からの福島復興の加速に向けて」七頁など。
(9) 環境省(二〇一二年六月)「福島復興へ向けたリスク・コミュニケーションの現状と課題」。
(10) 環境省(二〇一一年五月)「東日本大震災からの復興に向けた環境省の基本的対応方針」、復興庁(二〇一一年八月)「東日本大震災からの復興の基本方針」三〇頁。
(11) 環境省(二〇一一年一一月)「平成二十三年三月十一日に発生した東北地方太平洋沖地震に伴う原子力発電所の事故により放出された放射性物質による環境の汚染への対処に関する特別措置法」二九頁。
(12) 原子力規制委員会(二〇一三年三月)「東京電力福島第一原子力発電所の事故に関連する健康管理のあり方について」二―五頁、復興庁福島復興再生総括本部(二〇一三年三月)「早期帰還・定住プラン」四頁。
(13) 復興庁(二〇一三年四月)「原子力災害による風評被害を含む影響への対策パッケージの概要」一頁。
(14) 原子力規制委員会(二〇一三年一一月)「帰還に向けた安全・安心対策に関する基本的考え方」五―九頁など。
(15) 東日本大震災復興構想会議(二〇一一年六月)「復興への提言――悲惨のなかの希望」一二三―一三一頁、復興庁・環境省(二〇一二年四月)「福島研究開発・産業創造拠点構想について」一―二頁、復興庁(二〇一四年四月)「「新しい東北」の創造に向けて」一―六頁。
(16) 福島・国際研究産業都市(イノベーション・コースト)構想研究会(二〇一四年六月)「福島・国際研究産業都市(イノベーション・コースト)構想研究会報告書」一、四二頁。

(17)　しかしながら、実際はこうしたイノベ事業が移住者や帰還者を増やし、新たな産業基盤を形成しているとは言い難い。詳しくは横山 二〇二一 bの富岡町の事例分析を参照。

(18)　福島復興再生総括本部(二〇一三年三月)「早期帰還・定住プラン」七―八頁、復興庁(二〇一六年三月)「「復興・創生期間」における東日本大震災からの復興の基本方針」一頁、経済産業省(二〇一六年一二月)「原子力災害からの福島復興の加速のための基本指針について」一―三頁。

(19)　「避難指示解除区域の住民帰還頭打ち　福島第一原発事故被災地、居住率三割にとどまる」『河北新報オンライン』(二〇二一年九月一四日)。

(20)　「避難指示解除の要件について」(二〇一五年六月一二日原子力災害対策本部決定・閣議決定)。

(21)　この点は、一〇年前からすでにあった「危険自治体」の議論とも大いに関連している。「危険自治体」とは、原発事故による被災自治体が、行政の決定や施策に従順であるだけの、原発関連の補助金や交付金の獲得のみを追い求める主体(関連事業者や新規転入者など)だけで再編成されることを危惧し、警鐘を鳴らすために提唱された独自の概念である。その成立過程には、原発の立地過程と事故後の復興過程において住民の不安やリスクを排除することにより、将来的には原発関連産業への依存構造を再生産する作用も伴うことが想定される。詳しくは、山下・市村他 二〇一六の第４章、特に三三二頁以降を参照。

第４章

(1)　関係人口とは、移住した定住人口でも観光に来た交流人口でもない、地域や地域の人々と多様に関わる者を指す概念である。政策提言にも盛り込まれており、出身者のように地域内にルーツがある者(近居／遠居)や地域間を行き来する者(「風の人」)、何らかの関わりがある者(過去の勤務や居住、滞在等)など様々な関わり方が想定されている(総務省 二〇一八)。

(2)　三浦友幸は大学進学を契機に一度地元を離れた経験を有するUターン者であり、市村高志も(所縁はあったものの)社会人になった後に移住者として富岡町で暮らしてきた。また最近では、地方出身の東京圏在住者は必ずしも東京圏に定住し続けたい人たちばかりではないという。例えば、東京圏に転入した地方出身者の三割はUターンしているという調査結果(貴志 二〇一四)や「首都圏で暮らす若年層の約四割は出身地へのUターンを希望している」(労働政策研究・研修機構 二〇一六、高見 二〇一八)といった報告もある。さらに従来はIターン希望者の相談が中心だった地方移住相談においても、二〇一〇年代後半以降、Uターン希望者が増加しているとされる(嵩 二〇一九)。

(3) このことは既に、ホールドをもとに出稼ぎ研究で論じられている。出稼ぎ者らのいう「地元」や「津軽」とは、単に家屋敷や田畑がある地理的な場所、あるいは抽象的なイメージとして世間一般に語られる「津軽」や「青森県」を指すのではない。出身者以外には共有され難い、固有の場に分かちがたく結びついた、各々の主観的な意味づけがなされている「地域」や「地元」なのである(作道 二〇〇七)。

第5章

(1) この時、事業を実施する環境はとても重要と考え、空間は疑似的にでも富岡町に居るような雰囲気をつくるということを心掛けた。本来は富岡町内で実施することが良いのだが、現実には避難指示が出された状態であったため、交通の便が良い東京で会場を借りて実施した。

(2) 作品づくりの流れと参加者の役割について以下に補足する。作品づくり(年間計画)としては、①一回目の研修(二泊三日)、②町の高齢世代に来てもらい一回目の聞き取りを実施、③内容をICレコーダーに録音・文字起こし、④語り手の居住地に赴き二回目以降の聞き取りを実施、⑤作品の完成にむけた二回目の研修(一泊二日)、⑥作品の完成、印刷・製本という流れである。二回の宿泊研修では、若者が聞き学ぶ場面(研修)、語る場面や遊ぶ場面(夜間)がある。その過程で高齢者が町の若者に語ることはあるものの、若者が場の中で語りを求められることはほとんどなく、若者は何よりもまず学び考える時間を過ごすこととなった。また、事業の参加者は、①町の出身者(聞き手の若者、語り手の高齢者)、②学生サポーター、社会学関係の研究者、専門家・アドバイザー、③NPO事務局である。

(3) 今後の課題は、アーカイブ=記録から、歴史的・社会的事件の「証言」記録のあり方として考えていくことである。そのために必要なことは、町民が生活史の中で経験してきた原発立地過程の掘り下げ(なぜ、いかに原発は誘致されたのか、なぜそこで暮らしてきたのか)ではないだろうか。それは「東京」「世論」に消費され風化していく物語ではなく、当事者(町の住民、避難当事者)が当事者のために継承していかなければならない経験といえよう。

第6章

（1）例えば、「避難をし続けることが（震災関連死一七九三人という）これだけ具体的な人の死につながっている」ことから、「放射線への配慮を絶対視するあまりに、避難による心身への負担を軽んじるようなものの見方、具体的に言えば、そういった報道や調査、政策の方針は改められるべき」だと指摘している（開沼 二〇一五、三八五―三八六頁）。避難の長期化が多くの災害関連死とも結びついてしまうことはその通りである。しかし、開沼の議論には強制避難と自主避難の区別がなく、強制避難が選択する余地がなく備えることもできない中で強いられた行動だったということが踏まえられていない。また、避難指示が出されており、地域の放射線量も高く、「避難のメリット／デメリット」を議論する余地や前提そのものが本来失われていたということも考えねばならない。

第7章

（1）中西・上野 二〇〇三、石原 二〇一三など。
（2）復興政策に「乗る（第一の道）」「乗らない（第二の道）」がもたらす問題、そこから第三の道の必要性という議論については、日本学術会議（第二三期）社会学委員会東日本大震災の被害構造と日本社会の再建の道を探る分科会・提言「東日本大震災からの復興政策の改善についての提言」（二〇一四年九月二五日）を参照。
（3）この点については、日本学術会議（第二四期）社会学委員会東日本大震災後の社会的モニタリングと復興の課題検討分科会・提言「社会的モニタリングとアーカイブ――復興過程の検証と再帰的ガバナンス」（二〇二〇年九月一四日）も参照。
（4）一〇〇年に一度（L1）の明治三陸地震の死者数が二万七一二二人に対し、一〇〇〇年に一度（L2）とされる東日本大震災では、地震・津波で死者一万五九〇〇人、行方不明者二五二三人となっている。明治と平成の人口の違いにも注意してこの数字を考えたい。ただし、平成の地震・津波では震災関連死が三七九二人もある。その背後には、さらにもっと多くの避難中の死が隠れていることも忘れてはならない（数値は二〇二三年三月一一日の各社報道から）。
（5）その芽は、元は一九九三年の北海道奥尻島の津波災害に直接には遡る。一九九五年の阪神・淡路大震災で広く問題化され、二〇〇〇年代には新潟県中越地震の復興の時のように、開発主義から脱し、当事者目線の身の丈にあった着実な復興が目指される試みも示されてきた。
（6）山下 二〇一七、終章参照。

(7) この場合さらに、放射性物質による汚染の問題も問わねばならない。飯舘村ほか、ホットスポットも各地に点在する。こうして実際の汚染では飛び地が生じるが、リスクそのものはやはり同心円的に内から外へと広がるものである。
(8) 正しくは「暮らしていた地域が戻れなくなり、「ふるさと」となること」である。山下・市村他 二〇一六、第4章参照。
(9) 本章・注(1)の文献を参照。上野千鶴子の一連の研究(特に上野 二〇一一)ののちに関連書が増えたが、理論的にはまだ発展途上にあるというべきである。特に「当事者」がそれぞれの研究の特定の領域内のイメージにとどまっており、(本書も含めて)一般化には遠い。ここでの議論は、そうした一般化のための問題提起と受け止めてもらえればと思う。
(10) この点で宮地 二〇〇七は非常に参考になる。社会学よりも、こうした医学領域の分析の方が当事者を社会力学のうちにしっかりと位置づける論理をもっているのは、当事者にただ「語れ」と促すのではなく、「当事者こそ語れない」ということにきちんと向き合っているからだ。(被害)当事者が「語る」ということは、とてつもなく難しいことなのである。
(11) 念のために補足すれば、これらには事実とは違うフェイクが混じっている。山下 二〇一二、二〇一八を参照。
(12) この点で、福島県や関係市町村が風評被害を訴えることはあってよい。出荷物に対する徹底した管理体制を、当初築いていたからである。日本農業普及学会他 二〇一七も参照。他方で、原発事故で避難を強制され、汚染被害を受けた地域が風評被害を主張する場合、そこには何かがあると思わなくてはならないだろう。
(13) このあたりの議論については、山下・市村他 二〇一六の第三章参照。
(14) レーヴィ 二〇一九、アガンベン 二〇〇一など。
(15) ただし結局は放射性廃棄物の問題は残る。つまり原発事故はどこかで必然的に起きる矛盾の現れであったということができる。遅かれ早かれ、解決できない問題が生じるというのが、原子力技術の本質にある。
(16) この政府の失敗と、制御の問題については、舩橋 二〇一八も参照。
(17) この結論にはしかし、さらなる留保をつけなくてはならない。先述のように、ここでは震災・原発事故の当事者の分析をレーヴィやアガンベンの議論を参考に行っている。特に本書・第Ⅰ部・第Ⅲ部は、こうしたヨーロッパの歴史的事実を踏まえた論理によって問題の深みに到達し得たように思われる。これに対し、第Ⅱ部の議論はそれとは文脈を異にしており、いうなれば非西洋的な論理によって導かれている。日本の国家はヨーロッパのそれを真似てつくられた。そのため日本の社会を論じるのにも欧米の理論を用いることで事足りることも確かに多い。しかしながら筆者の理解では、各社会・各文化はそれぞれに異なり、日本社会・日本国家はまた独自の論理や動力学を内包する。その社会・国家がこうしてレーヴィやアガンベンの、それもユダヤ人虐殺の際の社会分析と整合することについて、私たちは慎重に向き合う必要がある。

一方では、日本という国家がヨーロッパ化している(それも非常に悪い意味で)ということを理解する必要がある。ただし他方で、そうはいっても現代ヨーロッパやアメリカが(さらに近年ではロシア、中国や中東が)逃れることのできない罠になおもがき苦しんでいるのに対して、東アジアにいる私たちは別の道を知っているのかもしれないということも認識する必要がある。第Ⅱ部の議論はこの後者に関係するが、ここでは議論の入口を示すにとどまっている。さしあたり、山下の論理は——本書とは直接関わりのない形でだが——山下 二〇二〇、二〇二一に示しておいた。本書の同じメンバーでその続きを解明し、開陳する日も来るかもしれない。

あとがき

本書は、二〇一一年三月一一日に発生した東日本大震災・原発事故後の「復興」に焦点を当て、被災当事者と政策・社会との理解のずれが生じたことによる問題を、津波被災地と原発被災地、当事者と研究者という立場を超え、共に考えてきたことをまとめたものです。

今年二〇二四年の一月一日、能登半島地震が発生し、石川県輪島市、珠洲市をはじめとして多大な被害が生じました。そうしたリアルタイムで起きていること、これから起きてしまうかもしれないことについて、本書を執筆したメンバーは皆それぞれに、次の被災地へと思いをめぐらせています。なかでも能登半島地震の発災後、実際に現地で被災された方々と向き合った本書執筆者・阿部は次のように語っています。

「元旦という日に震災に見舞われ、大変に苦しい思いをされている方々に対して「すべての地域は救えない」などと暴言を吐く人たちは、自分がとてもおぞましい、言葉の暴力を振るっていることに気づいてほしい。その暴言は被災者の「元の暮らしを取り戻したい」という切なる願いを、根底から否定する言葉だ。この災害時にそれを言う意味を、受け取った側がどう思うかを考えて欲しい。自分が人生で一番苦しい時に、それまでの人生を否定される言葉を言われたらどう感じるのか、を」

まずは何よりも、当事者の声を聞くこと。声の小さい、あるいは出せない当事者の声にも耳を傾けること。亡くなられた方も含め、被災を経験したすべての人が当事者なのであって、誰かが当事者から外されるようなことがないようにすること。インフラが寸断され孤立した過疎の集落を、「すべての地域は救えない」と安易に切り捨ててしまわないこと。避難が長期化する中で、戻る人も戻らない人も、どちらも関われるような復興を模索すること。暮らしを元に戻す力、回復する力に気づき、支えていくこと。被災地で同じ苦しみを繰り返さないために、本書からそうした教訓を読みとっていただけたらと思います。

3・11後の当事者の闘いは一三年が経つ今も続いており、社会はそれをきちんと理解する必要があります。また、本書で示した3・11の教訓が、能登半島や今後の被災地域で活かされることを切に願っております。

なお、本書の刊行にあたっては、市村・阿部・三浦の当事者としての根気強い努力がその中心にあります。長時間のミーティングやお宅にお邪魔してヒアリングをする中で、ご協力いただいたご家族の皆さまや、三人を支えて下さった関係者の皆さま、宮城県石巻市雄勝町、福島県双葉郡富岡町、宮城県気仙沼市の皆さまに深くお礼を申し上げます。また、第5章にご協力いただいた、富岡町出身のSさんや「おせっぺとみおか」に携わってこられた皆さま、南相馬市出身のNさんやご家族・ご友人の皆様、雄勝町出身のAさんをはじめとする阿部の同級生の皆さまにも、この場をお借りして感謝申し上げます。

続いて、「3・11研究会」を発起させ、その礎を築いて下さった赤坂憲雄先生、小熊英二先生、山内明美先生。この「3・11研究会」がなければ、当事者三人を中心に定期的に議論を交わし、本書の企画につながっていくことはなかったことと思います。また、特に福島県富岡町に関する「社会学広域避難研究会富岡班」（松薗祐子先生ほか）、「自治体再建研究会」の皆さま（今井照先生、金井利之先生、佐藤彰彦先生、高木竜輔先生、山本薫子先生ほか）、故加藤眞義先生をはじめとして、多くの先生方の議論が本書の土台にあることはいうまでもありません。本来ならばお世話になったすべての先生方のお名前を記して感謝を申し上げるべきですが、それ以外にもこの研究会に関わっていただいた方を含めて、皆さまにお礼申し上げます。

そして、第1章を執筆するにあたって、日本学術会議社会学委員会震災復興分科会の先生方(故船橋晴俊先生、吉原直樹先生、青柳みどり先生ほか)にも大変お世話になりました。二〇二一年九月の公開シンポジウムに本書のメンバーが参加させていただいたことをきっかけに、雑誌『学術の動向』の論文執筆に至り、その議論を弾みとして本書が企画される運びとなりました。感謝の意を示したいと思います。

また、特に第7章に関わりますが、東京都立大学二〇二一年度都市社会学演習に参加した学生の皆さまには、市村との対談内容をまとめる際に多大なご協力をいただきました(以下敬称略、明石京花、岩本萌愛、大橋明莉、荻野悠希、木崎百優、北原光、原田靖典、野朱里)。

最後に、岩波書店の田中宏幸さんのご尽力なくしては、この本の完成はあり得ませんでした。企画段階から膨大な校正作業に至るまで親身にご対応いただき、私たちを最後まで支えて下さいました。執筆者一同、深く感謝を申し上げたいと思います。

二〇二四年二月一一日「とみおか子ども未来ネットワーク」設立記念日に

編者・執筆者一同を代表して　横山智樹

主要参考文献

青木俊明・金子侑生(2021)「防潮堤建設を巡る地域紛争の構造とその鎮静化――宮城県気仙沼市鮪立地区を対象として」『都市計画論文集』第56巻第2号, 388-396頁.

赤坂憲雄・小熊英二編著(2012)『「辺境」からはじまる――東京/東北論』明石書店.

阿部晃成・三浦友幸・山本隆(2014)「座談会　何が「復興」をさまたげているか」『世界』855号, 74-83頁.

阿部真大(2013)『地方にこもる若者たち――都会と田舎に出現した新しい社会』朝日新書.

荒木笙子・秋田典子(2019)「石巻市雄勝町における災害危険区域内住民の居住地移動の実態」『ランドスケープ研究』第82巻第5号, 611-616頁.

石倉義博(2009)「地域からの転出と「Uターン」の背景――誰がいつ戻るのか」東大社研・玄田有史・中村尚史編『希望学 3　希望をつなぐ　釜石からみた地域社会の未来』東京大学出版会, 205-236頁.

石原孝二編(2013)『当事者研究の研究』医学書院.

市村高志・高木竜輔・佐藤彰彦(2021)「第11章　被災当事者によるコミュニティづくり――その軌跡を振り返る」高木竜輔・佐藤彰彦・金井利之編著『原発事故被災自治体の再生と苦悩――富岡町10年の記録』第一法規.

伊藤駿(2019)「震災が仕事に与えた影響とその帰結としての意識変化に関する社会学的考察――東日本大震災の事例から」『自然災害科学』第38巻S06号, 81-96頁.

稲垣文彦ほか著・小田切徳美解題(2014)『震災復興が語る農山村再生――地域づくりの本質』コモンズ.

今井照編(2019)『原発災害で自治体ができたことできなかったこと』公人の友社.

上野千鶴子(2011)『ケアの社会学――当事者主権の福祉社会へ』太田出版.

大川健嗣(1978)『出稼ぎの経済学』紀伊國屋書店.

大野晃(1988)「山村の高齢化と限界集落」梶井功編『山地農業の活性化を求めて』高知県農業中央会(大野(2015)『山・川・海の流域社会学――「山」の荒廃問題から「流域」の環境保全へ』文理閣, 9-43頁に再録).

小熊英二・赤坂憲雄編著(2015)『ゴーストタウンから死者は出ない――東北復興の経路依存』人文書院.

小田切徳美(2014)『農山村は消滅しない』岩波書店.

開沼博(2015)『はじめての福島学』イースト・プレス.

開沼博(2021)『日本の盲点』PHP新書.

開沼博編(2016)『福島第一原発廃炉図鑑』太田出版.

嵩和雄(2019)「地方移住希望者の動向と自治体の対応」『都市問題』第 110 巻第 6 号，48-56 頁.
金井利之(2017)「他治体法務論——フクシマ被災自治体の避難指示」北村喜宣・山口道昭・礒崎初仁・出石稔・田中孝男編『自治体政策法務の理論と課題別実践』第一法規，3-20 頁.
金井利之・今井照編(2016)『原発被災地の復興シナリオ・プランニング』公人の友社.
貴志匡博(2014)「非大都市圏出生者の東京圏転入パターンと出生県への帰還移動」『人口問題研究』第 70 巻第 4 号，441-460 頁.
轡田竜蔵(2017)『地方暮らしの幸福と若者』勁草書房.
桒田但馬(2018)「東日本大震災復興における大型公共事業の教訓——防潮堤整備事業を中心に」『地域経済学研究』第 35 巻，11-31 頁.
国立社会保障・人口問題研究所(2018)『2016 年社会保障・人口問題基本調査　第 8 回人口移動調査報告書』一般財団法人厚生労働統計協会.
小松理虔(2018)『新復興論』ゲンロン叢書.
作道信介(2006)「ホールドとしての出稼ぎ——青森県津軽地域，A 集落の生活史調査から」『村落社会研究』第 13 巻第 1 号，49-60 頁.
作道信介(2007)「津軽の人生　トウキョウを作り，津軽に生きる——高度経済成長期，親方に連れられた出稼ぎ」『人文社会論叢(人文科学篇)』第 17 号，31-55 頁.
作道信介(2008)「近代化のエージェントとしての出稼ぎ——記録にみる周縁地域の意識構造の変容」山下祐介・作道信介・杉山祐子編『津軽　近代化のダイナミズム——社会学・社会心理学・人類学からの接近』御茶の水書房，423-461 頁.
作道信介・社会調査実習人生班(2011)「「ホールドとしての出稼ぎ」の展開——故郷で暮らす方法」『津軽学』第 6 号，112-118 頁.
佐藤彰彦(2013)「原発避難者を取り巻く問題の構造——タウンミーティング事業の取り組み・支援活動からみえてきたこと」『社会学評論』第 64 巻第 3 号，439-459 頁.
総務省(2018)『これからの移住・交流施策のあり方に関する検討会報告書——「関係人口」の創出に向けて』.
高木竜輔(2014)「福島第一原発事故・原発避難における地域社会学の課題」『地域社会学会年報』第 26 集，29-44 頁.
高木竜輔・佐藤彰彦・金井利之編著(2021)『原発事故被災自治体の再生と苦悩——富岡町 10 年の記録』第一法規.
田中輝美(2021)『関係人口の社会学——人口減少時代の地域再生』大阪大学出版会.
谷下雅義・阿部晃成・新井信幸・佐々木晶二・宮﨑雅人(2018)「2017 年度秋季全国大会(学術講演会)ワークショップ　災害危険区域を考える(2017 年度秋季全

国大会(学術講演会)報告)」『日本不動産学会誌』第 31 巻第 4 号，164-175 頁.
徳野貞雄(2014)「第 I 部　現代の家族と集落をどうとらえるか」徳野貞雄・柏尾珠紀『T 型集落点検とライフヒストリーでみえる家族・集落・女性の底力——限界集落論を超えて』農山漁村文化協会，13-224 頁.
とみおか子ども未来ネットワークおせっぺとみおか事務局(2016, 2017, 2018, 2019)『おせっぺとみおか　富岡町次世代継承聞き書きプロジェクト　作品集　2015 年度，2016 年度，2017 年度，2018 年度』.
とみおか子ども未来ネットワーク(2022)『富岡町次世代継承聞き書きプロジェクト「おせっぺとみおか」2014≫2021 活動の記録「はじまりとこれから」』.
トランスローカリティ研究会(代表・羽渕一代)(2018)『公益財団法人マツダ財団助成研究「青森 20～30 代住民意識調査」報告書』公益財団法人マツダ財団.
中西正司・上野千鶴子(2003)『当事者主権』岩波新書.
長峯純一(2015)「復興事業の進め方に見る計画行政の限界——防潮堤と土地区画整理事業」『計画行政』第 38 巻第 2 号，15-20 頁.
成田凌(2018)「首都圏内過疎山村への移住と定着——「田園回帰」政策以前の東京都檜原村の女性地域リーダー Y 氏に注目して」『社会学論考』第 39 号，1-27 頁.
成田凌(2019)「「潜在的還流者」導出に向けた分析視角の検討——Hold 概念を手がかりとして」『日本都市社会学会年報』第 37 号，80-95 頁.
成田凌(2020)「地方移住希望者像の再考——移住相談に着目して」『都市社会研究』第 12 号，109-125 頁.
成田凌(2021)「大都市近郊農山村の変容と持続——ニュータウン開発地・八王子市鑓水の事例から」『都留文科大学研究紀要』第 94 号，71-91 頁.
西野淑美(2009)「釜石市出身者の地域移動とライフコース——釜石を離れる・釜石に戻る」東大社研・玄田有史・中村尚史編『希望学 3　希望をつなぐ　釜石からみた地域社会の未来』東京大学出版会，163-203 頁.
日本農業普及学会編，古川勉・行友弥・山下祐介・宇根豊著(2017)『聞く力，つなぐ力——3・11 東日本大震災　被災農家に寄り添いつづける普及指導員たち』農文協プロダクション.
舩橋晴俊(2014)「「生活環境の破壊」としての原発震災と地域再生のための「第三の道」」『環境と公害』第 43 巻第 3 号，62-67 頁.
舩橋晴俊(2018)『社会制御過程の社会学』東信堂.
舩橋晴俊・田中重好・長谷川公一監修，田中重好・黒田由彦・横田尚俊・大矢根淳編(2019)『防災と支援——成熟した市民社会に向けて』(シリーズ　被災地から未来を考える(2)　主に第 1 部)有斐閣.
増田寛也編著(2014)『地方消滅』中公新書.
宮地尚子(2007)『環状島＝トラウマの地政学』みすず書房.

山下祐介(1995)「コミュニティ災害の社会学的意味——阪神大震災を考える」『社会分析』第 23 巻，59-74 頁.
山下祐介(2006)「青森県における急速高齢化の人口分析——周縁地域の人口論にむけて」『村落社会研究』第 13 巻第 1 号，37-48 頁.
山下祐介(2012)『限界集落の真実——過疎の村は消えるか？』ちくま新書.
山下祐介(2017)『「復興」が奪う地域の未来——東日本大震災・原発事故の検証と提言』岩波書店.
山下祐介(2018)『「都市の正義」が地方を壊す——地方創生の隘路を抜けて』PHP 新書.
山下祐介(2020)『地域学をはじめよう』岩波ジュニア新書.
山下祐介(2021)『地域学入門』ちくま新書.
山下祐介・市村高志・佐藤彰彦(2016)『人間なき復興——原発避難と国民の「不理解」をめぐって』ちくま文庫／明石書店，2013 年.
山下祐介・山本薫子・吉田耕平・松園祐子・菅磨志保(2012)「原発避難をめぐる諸相と社会的分断——広域避難者調査に基づく分析」『人間と環境』第 38 巻第 2 号，10-21 頁.
山本薫子(2017)「「原発避難」をめぐる問題の諸相と課題」長谷川公一・山本薫子編『原発震災と避難——原子力政策の転換は可能か』有斐閣，60-92 頁.
山本努(2017)『人口還流(U ターン)と過疎農山村の社会学　増補版』学文社.
横山智樹(2020)「原発被災地の復興過程における「通うこと」「帰ること」の意味」『社会学評論』第 70 巻第 4 号，379-396 頁.
横山智樹(2021a)「原発事故後の統治と被災者の〈生〉——福島復興政策における分断・排除と再編の論理」『都市社会研究』第 13 号，113-128 頁.
横山智樹(2021b)「イノベーション・コースト構想の展開過程」高木竜輔・佐藤彰彦・金井利之編著『原発事故被災自治体の再生と苦悩——富岡町 10 年の記録』第一法規，91-117 頁.
横山智樹・山下祐介・阿部晃成・市村高志・三浦友幸(2023)「復興の主体は誰か？」『学術の動向』第 28 巻第 3 号，52-55 頁.
李永俊・石黒格(2008)『青森県で生きる若者たち』弘前大学出版会.
労働政策研究・研修機構編(2015)『若者の地域移動——長期的動向とマッチングの変化(JILPT 資料シリーズ No. 162)』.
労働政策研究・研修機構編(2016)『UIJ ターンの促進・支援と地方の活性化——若年期の地域移動に関する調査結果(JILPT 調査シリーズ No. 152)』.
渡辺栄・羽田新編(1987)『出稼ぎの総合的研究』東京大学出版会.

Agamben, Giorgio (1995), *Homo sacer : Il potere sovrano e la nuda vita*, Torino, Einaudi.(ジョルジョ・アガンベン，高桑和巳訳『ホモ・サケル——主権権力と

剝き出しの生』以文社，2003 年）

Agamben, Giorgio（1998）, *Quel che resta di Auschwitz: l'archivio e il testimone*, Bollati-Boringhieri.（ジョルジョ・アガンベン，上村忠男・廣石正和訳『アウシュヴィッツの残りのもの――アルシーヴと証人』月曜社，2001 年）

Chare, Nicholas & Williams, Dominic（2016）, *Matters of testimony: interpreting the Scrolls of Auschwitz*, Berghahn Books.（ニコラス・チェア，ドミニク・ウィリアムズ，二階宗人訳『アウシュヴィッツの巻物　証言資料』みすず書房，2019 年）

Levi, Primo（1986）, *I sommersi e i salvati*, Einaudi.（プリモ・レーヴィ，竹山博英訳『溺れるものと救われるもの』朝日文庫，2019 年）

執筆者一覧

阿部晃成（あべ あきなり）
雄勝町の雄勝地区を考える会代表，宮城大学特任助教．1988 年生．宮城県桃生郡雄勝町（現・石巻市雄勝町）出身．東日本大震災の津波により，一家 7 人で一晩漂流するも奇跡的に生還．その後，住民・行政・支援者などでつくる雄勝地区復興まちづくり協議会に参加する傍ら，石巻市内各地に散らばった被災者が集まり，自らで復興を話し合うため雄勝町の雄勝地区を考える会を設立し事務局を担う．漁業・林業などの一次産業分野で社会起業を行う．一度地域を離れ，慶應義塾大学大学院政策・メディア研究科で修士号を取得．現在は雄勝町に暮らし地域活動，大学教員，復興に関わる情報発信を行う．

市村高志（いちむら たかし）
公共政策学修士，専門社会調査士．1970 年生．福島第一原子力発電所事故によって福島県双葉郡富岡町から広域避難者となる．その後に，とみおか子ども未来ネットワーク共同代表（2022 年 7 月に法人解散）として市民活動を行う．原発事故前は IT 関連の自営業をしており，PTA 会長や祭りの実行委員長など富岡町の地域活動にも従事．現在は法政大学大学院公共政策研究科公共政策学専攻博士後期課程に在籍し，原発事故問題などを中心に公共政策の研究をしている．

三浦友幸（みうら ともゆき）
一般社団法人プロジェクトリアス代表理事，気仙沼市議会議員．1980 年生．宮城県気仙沼市出身．東日本大震災により自宅を被災し母を喪う．避難所の事務局長を担い，その後，復興支援に関する NPO 活動や，防潮堤問題に対して政策提言，合意形成の活動，気仙沼市大谷海岸の砂浜を守るための計画変更に携わった．

宮本楓美子（みやもと ふみこ）
フリーランス広報・ライター．1987 年生．福島県，福岡県などで育つ．九州大学文学部卒業後，都内玩具メーカーに勤務 1 年目で東日本大震災が発生．同郷の子どもたちが被災し，故郷を追われる状況に疑問を持ち，山下祐介ゼミの門を叩く．東京都立大学大学院人文科学研究科社会行動学専攻社会学教室博士前期課程修了．現在は千葉ニュータウン夏祭り御神輿保存会や，女性と社会をつなぐ場づくりなど地域活動を実践する一方，震災研究をライフワークとする在野研究者として本書に参加．一児の母．

成田凌（なりた りょう）
宮城学院女子大学准教授．1990 年生．青森県南津軽郡田舎館村出身．弘前大学人文学部卒業，東京都立大学大学院人文科学研究科博士後期課程修了，博士（社会学）．主要論文に「「潜在的還流者」導出に向けた分析視角の検討――Hold 概念を手がかりとして」『日本都市社会学会年報』第 37 号．

山下祐介

東京都立大学教授．1969 年生．九州大学大学院文学研究科博士課程中退(社会学)，九州大学助手，弘前大学助教授等を経て現職．著書に『限界集落の真実』『東北発の震災論』『地域学入門』(ちくま新書)，『「復興」が奪う地域の未来』(岩波書店)，『地域学をはじめよう』(岩波ジュニア新書)．また市村高志・佐藤彰彦との共著『人間なき復興』(ちくま文庫)など．

横山智樹

日本学術振興会特別研究員 PD．1994 年生．神奈川県横須賀市出身．東京農工大学農学部卒業，東京都立大学大学院人文科学研究科博士後期課程修了，博士(社会学)．主要論文に「原発被災地の復興過程における「通うこと」「帰ること」の意味」『社会学評論』第 70 巻第 4 号，「原発事故後の統治と被災者の〈生〉――福島復興政策における分断・排除と再編の論理」『都市社会研究』第 13 号．福島県南相馬市(現地 NPO)や富岡町(とみおか子ども未来ネットワーク)での活動に携わる．2 つの地域を主なフィールドとして，農村社会学や地域社会学の視点から原発被災地域の復興過程を研究．

被災者発の復興論 ―3・11 以後の当事者排除を超えて

2024 年 3 月 8 日　第 1 刷発行

編　者　山下祐介《やましたゆうすけ》・横山智樹《よこやまともき》

発行者　坂本政謙

発行所　株式会社 岩波書店
〒101-8002 東京都千代田区一ツ橋 2-5-5
電話案内 03-5210-4000
https://www.iwanami.co.jp/

印刷・三陽社　カバー・半七印刷　製本・松岳社

ISBN 978-4-00-024554-8　　Printed in Japan

地域学をはじめよう　山下祐介　岩波ジュニア新書　定価　九九〇円

フォト・ルポルタージュ
福島　人なき「復興」の10年　豊田直巳　岩波ブックレット　定価一一〇〇円

フォト・ルポルタージュ
福島「復興」に奪われる村　豊田直巳　岩波ブックレット　定価　九二四円

総合検証　東日本大震災からの復興　五百旗頭真・御厨貴・飯尾潤 監修　ひょうご震災記念21世紀研究機構 編　A5判・三七六頁　定価四四〇〇円

岩波書店刊

定価は消費税10%込です
2024年3月現在